Meditation für Anfänger

Formen, Methoden, Bewußtseinszustände und Erlebnisse

Kontakt: www.HarryEilenstein.de / Harry.Eilenstein@web.de

Herstellung und Verlag: BoD - Books on Demand, Norderstedt

ISBN: 9783752895087

Inhaltsverzeichnis

I Was ist Meditation?

Zunächst einmal ist „Meditation" ein schwer faßbarer Begriff – schließlich findet Meditation nur im Bewußtsein statt. Der Meditierende sitzt nur da und tut nichts und man kann nicht sehen, was in seinem Inneren geschieht. Immerhin ist offensichtlich, daß Meditation etwas mit dem Bewußtsein zu tun hat.

Ein zweiter Aspekt der Meditation ist, daß sie anscheinend gut tut und Menschen innerlich fit hält. Sie scheint also für das Bewußtsein das zu sein, was Sport und eine gute Ernährung für den Körper sind. Im Idealfall sollte daher auch die Meditation „Spaß manchen" und „gut schmecken".

Ein dritter Aspekt ist, daß die Meditation in den verschiedensten Formen ein Teil der Religion ist: Betrachtungen, Kontemplationen, Meditationen, Gebete, Verbeugungen, Yoga, Pilgerwanderungen usw. Alle diese Varianten haben gemeinsam, daß man das eigene Bewußtsein auf etwas „Höheres" ausrichtet.

Schließlich hat die Meditation als viertes noch den Nebeneffekt, daß die magischen Fähigkeiten des Meditierenden fördert – was je nach Religion sehr verschiedenen gedeutet und bewertet wird.

Im Vergleich zur Religion hat die Meditation noch eine Eigenheit: Sie folgt zwar auch oft bestimmten Regeln, aber sie ist vor allem auf eigene Erfahrungen ausgerichtet – es geht darum, etwas Bestimmtes ganz konkret zu erreichen und erleben zu können.

II Arten der Meditation

Es gibt sehr viele verschiedene Arten der Meditation, die auch verschiedene Wirkungen haben. So wie man im Sport-Training verschiedene Muskeln üben und verschiedene Fähigkeiten erlernen kann, so kann man auch in der Meditation verschiedene Ziele verfolgen.

Diese unterschiedlichen Möglichkeiten lassen sich am besten anhand einer inneren Landkarte beschreiben. Diese Landkarte ist das Bewußtsein des Menschen, also seine Psyche im umfassenden Sinn. Die verschiedenen Orte auf dieser Meditations-Landkarte sind die verschiedenen Arten des Bewußtseins, die es gibt.

II 1. Die Landkarte des Bewußtseins

Um die Landkarte des Bewußtseins, also das Land, durch das ein Meditierender wandert, zu verstehen, ist es notwendig, die einzelnen Formen des Bewußtseins genauer zu beschreiben.

II 1. a) Die Formen des Bewußtseins

Man kann sechs Formen des Bewußtseins unterscheiden, von denen vier „intern" und zwei „extern" sind. Diese Formen des Bewußtseins wirken im Normalfall in einer effektiven Arbeitsteilung zusammen.

die vier „internen" Bewußtseinsformen

Die folgenden vier Formen des Bewußtseins, die auch die allgemein geläufigen Formen des Bewußtseins sind, befinden sich innerhalb der Psyche:

- Wachbewußtsein: Das Wachbewußtsein ist das Bewußtsein, das im Wachen präsent ist und die Entscheidungen trifft.

Dieses Bewußtsein kann man als ein Büro auffassen, in dem alle Informationen angekommen und verarbeitet werden, die für die augenblickliche Situation von Bedeutung sind.

- Ekstase-Zustand: Der Ekstase-Zustand tritt gelegentlich auf, wenn eine Situation etwas extremer wird, d.h. wenn das Wachbewußtsein von Lust, Angst, Gier oder von einer hohen Konzentration geprägt wird. Die Ekstase tritt folglich beim Orgasmus, in der Panik, in der Meditation usw. auf. Auch Traumata können zu einer „negativen Ekstase" führen, in der das Wachbewußtsein des Betreffenden für die Vielfalt der Situation und die Möglichkeiten in ihr gewissermaßen „blind" wird. Der Ekstase-Zustand ist vollständig auf einen einzigen Bewußtseinsinhalt ausgerichtet.

Den Ekstase-Zustand kann man als die helle Lampe auf dem Schreibtisch in dem Büro des Wachbewußtseins auffassen, die mit einem Spotlight ausschließlich das in dem betreffenden Augenblick Wichtigste beleuchtet.

- Unterbewußtsein: Das Unterbewußtsein enthält alle Informationen, alle Wahrnehmungen, alle Erinnerungen. Diese Informationen sind mit mehr oder weniger großen Emotionen aufgeladen oder auch völlig neutral. Sie sind durch Assoziationen geordnet, d.h. die Erinnerungen zu einem Thema sind alle miteinander verknüpft und bilden auf diese Weise ein Symbol, das man z.B. im Traum erleben kann – weshalb man dieses Bewußtsein auch Traumbewußtsein nennen kann.

Das Unterbewußtsein kann man als ein Archiv auffassen, das die Daten an das Büro sendet, die von dort angefordert werden, weil sie in der augenblicklichen Situation gebraucht werden. Das Archiv kann auch von sich aus, also aus eigenem Antireb heraus Informationen an das Büros senden.

- Tiefschlaf: Das Tiefschlaf-Bewußtsein ist leer, ohne Inhalte – es ist sich lediglich seiner selber bewußt. Dieses Bewußtsein ist wie der Lehm, aus der die Statue geformt wird, wie die Stille, in der der Ton erklingen kann, wie die Leinwand, auf die das Bild gemalt wird.

Dieses Bewußtsein kann man sich als das Haus vorstellen, in dem sich das Archiv des Unterbewußtseins, das Büro des Wachbewußtseins und die Schreibtischlampe der Ekstase befinden.

Diese vier Bewußtseinsformen kann man anhand der Anzahl ihrer Bewußtseinsinhalte unterscheiden:

- Tiefschlaf:	kein	Bewußtseinsinhalt
- Ekstase:	ein	Bewußtseinsinhalt
- Wachbewußtsein:	einige	Bewußtseinsinhalte
- Unterbewußtsein:	alle	Bewußtseinsinhalte

Die beiden Bewußtseinsformen, die nicht auf einen Menschen beschränkt sind, sind weniger gut bekannt und können auch nicht so einfach wie die vier „internen" Bewußtseinsformen erlebt werden.

- <u>kollektives Unterbewußtsein:</u> Das kollektive Unterbewußtsein beruht auf der telepathischen Verknüpfung des Bewußtseins mehrerer Menschen.

Die kleinste Einheit ist die Familie – die Strukturen in dieser „Zelle" des kollektiven Unterbewußtseins werden z.B. in Familienaufstellungen sichtbar.

Die nächste Einheit ist die Sippe – sozusagen eine Zellgruppe im kollektiven Unterbewußtsein.

Die wiederum nächstgrößere Einheit ist das Volk, also die Angehörigen einer Kultur – dies ist gewissermaßen ein Organ in dem kollektiven Unterbewußtsein.

Die umfassende Einheit ist schließlich die Menschheit – das gesamte kollektive Unterbewußtsein.

Das kollektive Unterbewußtsein ist wie das individuelle Unterbewußtsein durch Assoziationen strukturiert. Die Einheiten, die dadurch entstehen, sind im individuellen Unterbewußtsein Symbole und im kollektiven Unterbewußtsein die Gottheiten.

Man kann das kollektive Unterbewußtsein als die Stadt auffassen, in der das Haus mit dem Archiv, dem Büro und der Schreibtischlampe eines einzelnen Menschen steht. Dieses Haus ist telepathisch mit den anderen Häusern verbunden – sozusagen durch telepathische Telefonleitungen.

- <u>Gesamtbewußtsein:</u> Das Gesamtbewußtsein besteht aus den kollektiven Unterbewußtseins der Menschen, der Tiere, der Pflanzen, der Mineralien usw. Auch in dem kollektiven Unterbewußtsein anderer Lebewesen als dem kollektiven Unterbewußtsein der Menschen gibt es Gottheiten – die Muttergöttinnen der verschiedenen Tierarten, den Elf einer Pflanzenart usw.

Dieses Gesamtbewußtsein kann man am ehesten „Gott" nennen. Wenn man es auf die Erde beschränkt, wird es manchmal auch „Gaia" genannt.

II 1. b) Die Koordination der Bewußtseinsformen

Diese sechs Formen des Bewußtseins können auf verschiedene Weise miteinander koordiniert werden – das ist die eigentliche Tätigkeit eines Meditierenden, durch die er „veränderte Bewußtseinszustände" erreichen kann. Dieses Koordinieren verschiedener Formen des Bewußtseins miteinander ist das, was ein Meditierender in dem „Land des Bewußtseins" tut, während er dort unterwegs ist.

Dieses Koordinieren ist wie das Stimmen eines Instrumentes – nach der Meditation ist alles an seinem richtigen Platz, im richtigen Zustand und mit allem anderen organisch verbunden.

Meditation ist also eigentlich etwas sehr Schlichtes – auch wenn es eine Vielfalt von Methoden gibt.

Jede der vier „persönlichen" Bewußtseinsarten hat eine bestimmte Frequenz, die Oktaven zueinander bilden (doppelte Frequnz):

Tiefschlaf	- ∅ 3 Hz	(2 - 4 Hz)
Traumbewußtsein	- ∅ 6 Hz	(4 - 8 Hz)
Wachbewußtsein	- ∅ 12 Hz	(8 - 16 Hz)
Ekstase	- ∅ 24 Hz	(16 - 32 Hz)

Man kann sich die Vorgänge bei der Meditation als ein Einstimmen zweier Bewußtseins-Frequenzen aufeinander vorstellen. Bei einer Traumreise würden z.B. je zwei Schwingungen des Wachbewußtseins mit einer Schwingung des Unterbewußt-seins zusammen schwingen.

Dieser Zusammenhang läßt sich am einfachsten durch eine Graphik verdeutlichen:

Koordination der Bewußtseinsrhythmen	
	unkoordinierte Wellen/Rhythmus (Normalbewußtsein)
Tiefschlaf	
Traumbewußtsein	
Wachbewußtsein	
Ekstase	
	koordinierte Wellen/Rhythmus (Meditation)
Tiefschlaf	
Traumbewußtsein	
Wachbewußtsein	
Ekstase	

II 2.   Die Zustände des Bewußtseins

Die verschiedenen Zustände des Bewußtseins ergeben sich vor allem aus der Koordination von zwei Formen des Bewußtseins miteinander. Eine der dabei beteiligten Formen ist stets das Wachbewußtsein – ganz einfach deshalb, weil diese Kombination von Bewußtseins-Formen sonst nicht bewußt wäre.

II 2. a)   Wachbewußtsein

Das Wachbewußtsein hat als Qualität die Präsenz im Hier und Jetzt. Diese Präsenz kann eher nebelhaft oder auch ganz klar sein. Man kann „ganz da sein" oder zu einem guten Teil in Erinnerungen, Befürchtungen, Hoffnungen u.ä. dahintreiben und nur wenig von der Welt mitbekommen.

II 2. b)   Wachbewußtsein und Traumbewußtsein

Wenn man das Wachbewußtsein mit dem Unterbewußtsein (Traumbewußtsein) kombiniert, geht das Wachbewußtsein aus seinem Büro in das Archiv und schaut sich dort um.

Das geschieht im Tagtraum, wenn man z.B. mit der Eisenbahn fährt und aus dem Fenster schaut und völlig in der Erinnerung an den letzten Urlaub versinkt und wieder den Sand am Strand unter seinen Fußsohlen spürt – oder wenn man morgens aus einem Traum erwacht und der Traum noch zehn Sekunden lang in seiner Eigendynamik weiterläuft und man wie im Kino bewußt zuschaut.

Man kann auch gezielt in diesen Zustand gehen und sich dann die Informationen zu einem Thema im eigenen Unterbewußtsein anschauen – das wird dann „Traumreise", „Trancereise", „Phantasiereise", „schamanische Reise" usw. genannt.

Das Unterbewußtsein verfügt über die Möglichkeit per Telepathie externe Informationen zu erlangen und per Telekinese externe Wirkungen zu verursachen. Daher ist die Traumreise eine praktische Möglichkeit, Telepathie und Telekinese gezielt zu nutzen.

Eine weitere Wirkung der Koordination zwischen Wachbewußtsein und Unterbewußtsein besteht in der Wahrnehmung der Lebenskraft. Man kann etwas vereinfacht sagen, daß das Unterbewußtsein dem eigenen Lebenskraftkörper („Astralkörper") entspricht. Daher ist z.B. auch das Wahrnehmen der Aura mit dieser Koordination von Wachbewußtsein und Unterbewußtsein verbunden.

In diesem Zustand nimmt man auch die Lebendigkeit von Pflanzen und Tieren wahr – nicht immer als ein äußeres Leuchten, sondern manchmal auch als ein inneres Leuchten: Man sieht die Lebendigkeit selbst der Steine, man nimmt ihr Wesen wahr. Wenn man in diesem Zustand ist, kann man von dem Anblick eines Grashalms völlig ergriffen werden. In diesem Zustand sieht alles aus, als ob man es das erste mal in seinem Leben sehen würde – obwohl gleichzeitig die Erinnerungen an frühere Erlebnisse präsent sind.

In diesem Zustand wird das rein konzentrationsmäßige „Sei jetzt hier!" zu einem intensiven Erleben des Lebens – dann braucht man sich nicht mehr auf das „Hier und Jetzt" zu konzentrieren ... man ist von dem Hier und Jetzt ganz ergriffen. Dann ist man richtig lebendig.

Sowohl auf Traumreisen als auch in diesem „Ergriffenheits-Zustand" ist es ganz einfach, z.B. auch mit Pflanzen, Tieren, Steinen, Gottheiten usw. zu sprechen und von ihnen auch Geschenke zu erhalten – von Visionen über Erkenntnissen bis hin zu Heilungen und Lebensfreude.

II 2. c)   Wachbewußtsein und Tiefschlaf

Da der Tiefschlaf eine Bewußtseinsform ohne Inhalte ist, entsteht durch die Kombination des Wachbewußtseins mit dem Tiefschlaf-Bewußtsein eine innere Stille: Man ist nur noch Bewußtsein, daß sich seiner selber bewußt ist.

Möglicherweise klingt das eher langweilig, aber das ist es nicht – ganz im Gegenteil: In diesem Zustand erlebt man eine formlose Fülle, ein Erfülltsein, ein Leuchten und eine Wärme, die sich von innen her ausbreitet. Man beginnt so zu lächeln wie die Buddha-Statuen oder die altägyptischen Statuen. Man ist grundlos glücklich.

II 2. d)   Wachbewußtsein und Ekstase

Die Kombination von Wachzustand und Ekstase ist ein wenig anders geartet als die beiden schon beschriebenen Kombinationen zweier Bewußtseinszustände. Dies liegt daran, daß dem Wachbewußtsein das Unterbewußtsein und das Tiefschlafbewußtsein normalerweise nicht bewußt ist – das Ekstase-Bewußtsein entsteht hingegen aus einer Einengung des Fokus des Wachbewußtsein von mehreren Inhalten des Bewußtseins auf eine einzige Sache. Man ist also in der Ekstase stets wachbewußt.

Es ist folglich die Frage, wie man in diesen Zustand kommt. Im Alltag geschieht dies in der Regel durch Lust oder Angst – also z.B. beim Orgasmus und in der

Panikattacke.

Man kann diesen Zustand allerdings auch durch die Konzentration auf ein Bild, auf ein Mantra, auf eine Bewegung, eine Gottheit usw. in der Meditation erreichen. Während die Ekstasen, die aus Lust oder Angst heraus entstehen, auf eine möglichst rasche Handlung drängen, ruht die Ekstase, die aus der Meditation heraus entsteht, in sich selber – es gibt in dieser Ekstase nichts, was man tun müßte.

Im Kundalini-Yoga und im Tantra wird zwar in der Meditation die Sexualität benutzt, aber da sie nur das „Feuer" ist, das einen inneren Prozeß in Gang setzt und nicht auf das Erleben von Lust abzielt, entstehen auch bei den Kundalini- und Tantra-Meditationen und -Ritualen Zustände, die in sich ruhen.

II 2. e) Wachbewußtsein, Traumbewußtsein und Tiefschlaf

Es liegt nahe, nicht nur zwei Bewußtseinszustände, sondern auch einmal mehrere Bewußtseinszustände zu koordinieren. Dafür gibt es allerdings kaum systematische Anleitungen. Die wichtigste von ihnen ist die Mandala-Meditation, die oft mit Betrachtungen und Ritualen verbunden ist. Ein Mandala, das für diesen Zweck benutzt wird, besteht aus mindestens drei Kreisen bzw. Kreisringen:

- Der äußerste Kreisring symbolisiert den Körper und das Wachbewußtsein,
- der mittlere Kreisring die Psyche und das Unterbewußtsein, und
- der innere Kreis die Identität (Seele) und das Tiefschlafbewußtsein.

Durch Betrachtungen (äußerer Kreisring), Traumreisen (mittlerer Kreisring) und Stille-Meditationen (innerer Kreis) wird ein Bild aufgebaut, in dem alle drei Bewußtseinsformen ihren Platz haben und sich schließlich aufeinander einstimmen und sich koordinieren. Das ist ein eher komplexer und etwas langwieriger Vorgang.

II 2. f) Wachbewußtsein, Traumbewußtsein, Tiefschlaf und Ekstase

Bei der Koordination aller vier „interner" Bewußtseinsformen wird ein Mandala mit vier Kreisringen bzw. Kreisen benutzt:

- Der äußerste Kreisring symbolisiert den Körper und das Wachbewußtsein,
- der mittlere Kreisring symbolisiert die Psyche und das Unterbewußtsein,
- der innere Kreisring symbolisiert den inneren Mann und die innere Frau,

die sich körperlich vereint haben, sowie den Ekstase-Zustand, und
- der innere Kreis die Identität (Seele) und das Tiefschlafbewußtsein.

Durch Betrachtungen (äußerer Kreisring), Traumreisen (mittlerer Kreisring), tantrische Rituale als Paar (innerer Kreisring) und Stille-Meditationen (innerer Kreis) wird ein Bild aufgebaut, in dem alle vier Bewußtseinsformen ihren Platz haben und sich schließlich aufeinander einstimmen und sich koordinieren.

II 2. g) Wachbewußtsein, Unterbewußtsein und kollektives Unterbewußtsein

Die Kombination des Wachbewußtseins mit dem kollektiven Unterbewußtsein kann verschiedene Formen haben. Der Kontakt des Wachbewußtseins mit dem kollektiven Unterbewußtsein läuft bei all diesen Formen jedoch über das persönliche Unterbewußtsein, das bei dieser Koordination als „Helfer" und als „Kontaktpunkt" mit dabei ist.

Das kollektive Unterbewußtsein der Menschen ist gewissermaßen der „Zusammenschluß" der Unterbewußtseine aller Menschen.

Daher gehört die Telepathie als die Verbindung, die von dem Unterbewußtsein eines Menschen zu dem Unterbewußtsein eines anderen Menschen führt, zu dem kollektiven Unterbewußtsein. Die Telepathie ist das „Nervensystem" des kollektiven Unterbewußtseins – oder der „Klebstoff", der die individuellen Unterbewußtseine zu dem kollektiven Unterbewußtsein zusammenfaßt.

Die Telepathie ist die Wahrnehmungsfähigkeit des individuellen Unterbewußtseins – die Telekinese ist die Handlungsfähigkeit des individuellen Unterbewußtseins. Daher sind die telepathischen Vorgänge das „Denken" des kollektiven Unterbewußtseins und die telekinetischen Vorgänge das „Handeln" des kollektiven Unterbewußtseins. Somit gehören alle telepathischen und telekinetischen Phänomene zu dem kollektiven Unterbewußtsein.

Das kollektive Unterbewußtsein verbindet alle Bilder in den Unterbewußtseinen der Menschen zu einem Urbild, zu einem Archetyp, zu einer Gottheit. Diese Urbilder kann man mithilfe einer Traumreise sehen und man kann auch mit ihnen sprechen.

Eine noch intensivere Verbindung mit einem solchen Urbild ist die Invokation. Dabei identifiziert man sich mit einer Gottheit, d.h. man verbindet das eigene Bewußtsein mit dem Bewußtsein einer Gottheit. Wie bei allen inneren Vorgängen kann auch eine solche Invokation eine sehr verschiedene Intensität haben.

Bei der Invokation stellt man sich entweder die Gottheit zunächst einmal sehr intensiv vor (Imagination, Anrufung) oder unternimmt eine Traumreise zu ihr. Dann tritt man in das Bild der Gottheit ein und öffnet sich für sie.

Solche Traumreisen zu Gottheiten und solche Invokationen können eine große Wirkung haben: Man erlebt auf sehr direkte Weise den lebendigen, heilen Zustand eines Themas – z.B. die Sexualität durch Pan, das weibliche Selbstbewußtsein durch Diana, die Mütterlichkeit durch Isis, die Verwandlung durch Osiris, die Schmiedekunst durch Wieland, die Zentrierung durch Helios usw.

Die Begegnung mit einer Gottheit kann auch die Grundlage von Therapien sein – der Hilfesuchende erhält durch die Gottheit ein Bild des heilen Zustandes und er erhält von der Gottheit die Hilfe, die er braucht, um selber in diesen heilen Zustand zu gelangen.

Da das kollektive Unterbewußtsein die Unterbewußtseine der Menschen miteinander verbindet, kann man das kollektive Unterbewußtsein auch zur Koordination des eigenen Alltags benutzen. Man kann das Bild aussenden, daß man einen bestimmten Menschen treffen will, daß man ein Fahrrad geschenkt bekommt, daß man einen guten Job findet, daß man neue Freunde kennenlernt usw. Dieses „Bild-Aussenden" ist nichts Aufwendiges – es reicht, sich diese Dinge „nebenher" zu wünschen.

Es gibt verschiedene Methoden, diesen „sinnvollen Zufall", diese „Telepathie und Telekinese des kollektiven Unterbewußtseins" in Gang zu setzen. Man kann sich die Dinge wie in der Magie mit Konzentrationsübungen, Sigillen, Anrufungen, Talismanen usw. herbeirufen. Man kann auch einfach in das Leben vertrauen und verantwortlich mit allem Lebendem umgehen. Durch dieses „Vertrauen und Verantwortung" wird man zu einem Teil des Lebens, d.h. man vertraut sich dem kollektiven Unterbewußtsein an – man kann es auch „Leben" nennen oder „Gott", „Christus", „die da oben", „Shiva", „Große Mutter" oder wie auch immer.

Es gibt nicht nur das kollektive Unterbewußtsein der Menschen, sondern auch das kollektive Unterbewußtsein einer jeden Tierart, einer jeden Pflanzenart, einer jeden Mineralienart usw. Das kollektive Unterbewußtsein ist also recht komplex.

Die Homöopathie ist eine praktische Anwendung der Möglichkeit, eine Verbindung zu einer Gottheit herzustellen. Bei der Homöopathie sind diese Gottheiten die Urbilder der Tiere, Pflanzen und Mineralien. Die „Kügelchen" enthalten keine physisch wirksame Substanzen, sondern sind Bereitschafts-Erklärungen, mit einer „Tier-Muttergöttin" (tierische Mittel), einem „Elf" (pflanzliche Mittel) oder einem „Zwerg" Kontakt aufzunehmen. Das Einnehmen des Kügelchens ist sozusagen die Unterschrift auf dieser „Erklärung".

Das kollektive Unterbewußtsein hat auch ein Gedächtnis, was sich u.a. daran zeigt, daß die Wirkung der homöopathischen Heilmittel ihrer Geschichte entspricht. So sind z.B. homöopathische Bergkristall-Kügelchen langsam und gründlich – Bergkristall entsteht, wenn Siliciumdioxyd sehr langsam abkühlt (1° in 100 Jahren) und sich dabei in ein einziges Molekül (eine Bergkristall-Spitze) verwandelt. Bärlapp-Kügelchen helfen hingegen bei dem Gefühl, daß die große Zeit schon vorbei ist und man nur noch den „Filmabspann" lebt – Bärlapp ist vor 300 Millionen Jahren die am weitesten verbreitete Pflanze auf der Erde gewesen, aber ist heute nur noch ein kleines Kraut am Waldrand.

II 2. h) Wachbewußtsein und Gott

Wenn man eine Traumreise zu der eigenen Seele unternimmt, also zu dem Teil in der eigenen Mitte, das sich als man selber inkarniert hat, und man seiner Seele begegnet, dann enden alle Fragen – man erlebt die eigene Identität. Dieser Zustand ist ganz ähnlich wie die Stille-Meditation.

Jeder Mensch hat in sich selber sein eigenes Wachbewußtsein, aus dem heraus er seine eigenen Handlungen koordiniert. Das gilt auch für jedes Tier und vermutlich auch für jede Pflanze und auch für Mineralien – das Bewußtsein wird lediglich von seinen Inhalten her immer schlichter, je einfacher der physische Aufbau des betrachteten Wesens oder Dinges ist. Von diesem Wachbewußtsein aus koordinieren die Menschen und Tiere auch ihr Zusammenleben.

Jeder Mensch hat auch sein eigenes Unterbewußtsein, das jedoch per Telepathie und Telekinese mit allen anderen Unterbewußtseins verbunden ist. Dieses Gesamt-Unterbewußtsein ist das kollektive Unterbewußtsein.

Jeder Mensch hat auch sein eigenes Tiefschlafbewußtsein, das auch das Bewußtsein seiner Seele ist. Dieses Bewußtsein ist ebenfalls nicht isoliert, sondern mit der „inneren Stille" aller anderen Wesen verbunden. Diese „Gesamt-Stille" kann man auch „Gott" nennen. Man kann sie als gleißend weißes Licht erleben, das überall gleich und eine Einheit und die Grundlage von allem ist.
Das kollektive Unterbewußtsein ist sozusagen Gottes Traumbewußtsein – und Gott selber ist die „Seele der Welt". Die einzelne Seele ist folglich ein Funke des Feuers von Gottes Seele.

Wie alle Dinge, die man in der Meditation erleben kann, wird auch dieses „Erleben der Einheit" erst zu etwas Realem, wenn man es selber erlebt hat. Man kann es zwar als „gleißend weißes Licht" beschreiben, aber wie sich dieses Licht anfühlt, läßt sich kaum mit Worten ausdrücken.

16

II 3. Störungen der Bewußtseins-Koordination

Die Psyche des Menschen ist komplex – was auch vielfältige Störungen der Bewußtseins-Koordination ermöglicht.

Diese Störungen sind im Folgenden nur sehr kurz geschildert, da eine gründliche Beschreibung zum einen eine ganze Bibliothek erfordern würde und zum anderen für das Verständnis der Meditation nur indirekt von Bedeutung ist.

Die folgenden Störungen sind in drei Gruppen aufgeteilt: interne Störungen, externe Störungen und Polarisierungen.

interne Störungen

II 3. a) Trauma

Ein Trauma entsteht, wenn ein Mensch eine Extrem-Situation erlebt, in der er in einen Ekstase-Zustand gerät – also sich z.B. in Todesangst gegen ein Raubtier verteidigt oder eine Vergewaltigung erlebt.

Wenn der betreffende Mensch die Situation überlebt und anschließend die hohe Anspannung dieser Angst-Ekstase durch Weinen, Schreien, Zittern u.ä. wieder auflösen kann, kann die Psyche wieder fließen und in den Normalzustand zurückkehren.

Wenn der betreffende Mensch die Situation zwar überlebt, aber anschließend die hohe Anspannung dieser Angst-Ekstase nicht wieder auflösen kann, weil er darin ständig gestört wird oder weil sich die Angst-Situation ständig wiederholt, entsteht eine „eingefrorene Angst-Ekstase". Die hohe Spannung und die Einsgerichtetheit der Angst-Ekstase bleibt weiterhin bestehen, auch wenn sie in der Psyche eingesperrt und verdrängt wird: ein Trauma.

Ein Trauma ist wie eine Konservendose im Keller des Unterbewußtseins, in der die Angst noch immer vibriert und auf sofortiges Handeln drängt – obwohl es keinerlei äußere Anlässe mehr für diese Angst gibt.

Die Heilung eines Traumas besteht darin, daß man sich diese „Konservendose" immer wieder anschaut, sie dann kurz vorsichtig öffnet und den Druck in ihr fühlt und sie dann wieder verschließt. Das wiederholt man, bis man den Inhalt der „Konserven-dose" kennengelernt hat und bis der Druck in ihr nach und nach entwichen ist und man schließlich diese „Konservendose" vollständig öffnen kann.

Ein Trauma führt dazu, daß es bestimmte Themen gibt, bei denen der Betreffende nicht mehr „sachlich und normal" reagieren kann, sondern in den Panik-Modus, also in die Angst-Ekstase gerät.

II 3. b) Psychose

Bei einer Psychose kann der Betreffende, vereinfacht gesagt, nicht mehr innen und außen unterscheiden – er vermischt folglich seine Sinneswahrnehmungen (Wachbewußtsein) mit seinen inneren Bildern (Unterbewußtsein).
Diese Vermischung kann letztlich zu einem völligen Realitätsverlust führen.

II 3. c) Schizophrenie

Bei einer Schizophrenie ist vor allem das Persönlichkeitszentrum gestört – man weiß nicht mehr genau, wer man ist. Diese Krankheit ist eine Schwäche des koordinierenden Wachbewußtseins. Das führt sekundär auch dazu, daß man die äußeren Wahrnehmungen nicht mehr von den inneren Bildern unterscheiden kann.

II 3. d) Schlafwandeln

Auch beim Schlafwandeln ist die Unterscheidung zwischen Wachzustand und Traumzustand gestört. Normalerweise sorgt ein Teil des Kleinhirns dafür, daß Menschen während ihrer Träume sich nicht tatsächlich mit ihrem Körper so bewegen wie sie es gerade in ihren Träumen erleben. Beim Schlafwandeln und beim Reden im Schlaf funktioniert diese Regulierung nicht ausreichend gut.
Psychisch gesehen ist das Schlafwandeln kein Problem – es kann allerdings zu Unfällen beim Schlafwandeln kommen.

externe Störungen

II 3. Hypnose

Bei der Hypnose übernimmt der Hypnotiseur schrittweise die Funktion des Wachbewußtseins des Hypnotisierten und kann ihn dann lenken.
Es gibt auch die Möglichkeit der Fernhypnose per Telepathie, die deutlich macht, daß die Hypnose nicht primär auf Worten und Gesten beruht, sondern daß sie direkt per Telepathie von Bewußtsein zu Bewußtsein hervorgerufen werden kann.

II 3. f) Massenhypnose

Bei der Massenhypnose wird eine große Anzahl vom Menschen durch Worte, Bilder, Filme, Musik, Texte, Gesten, Beleuchtung, Architektur usw. von einem dominanten Menschen dazu gebracht, das zu tun, was dieser Mensch will.

Die Massenhypnose reicht von dem „Raum-Einnehmen" in einer Gemeinschaft über die Werbung bis hin zu Propaganda und Demagogie. Diese besonders bei Diktatoren beliebte Methode dient der „Gleichschaltung" einer Gemeinschaft oder eines Volkes durch die Technik der Hypnose – der Diktator strebt danach, möglichst weitgehend die Rolle des bewußten, klaren Wachbewußtseins der Menschen zu übernehmen und sie dadurch nach seinem Willen steuern zu können.

Polarisierungen

II 3. g) Süchtiger und Asket

Wenn ein Mensch einen starken Mangel erlebt (insbesondere als kleines Säugling), kann er auf zwei Weisen reagieren: Er kann immer leiser werden und verzichten und so zum Asketen werden, oder er kann immer lauter werden und immer mehr verlangen und so zum Süchtigen werden.

Beide Polarisierungen behindern den Betreffenden, Fülle und ein „in Geborgenheit ruhen" zu finden.

II 3. h) Täter und Opfer

Wenn ein Mensch Gewalt erlebt (insbesondere als Kleinkind), kann er auf zwei Weisen reagieren: Er kann immer leiser werden und aufgeben und so zum Opfer werden, oder er kann immer lauter werden und immer aggressiver werden und so zum Täter werden.

Beide Polarisierungen behindern den Betreffenden, Klarheit und ein „In seiner Kraft ruhen" zu finden.

II 3. i) Star und Fan

Wenn ein Mensch einen starken Liebesentzug erlebt (insbesondere als Kind), kann er auf zwei Weisen reagieren: Er kann immer leiser werden und sich klein machen und so zum Fan werden, oder er kann immer lauter werden und sich immer mehr größer machen und so zum Star werden.

Beide Polarisierungen behindern den Betreffenden, Fülle und ein „In Selbstliebe ruhen" zu finden.

- - -

Alle drei Arten der Polarisierungen, also alle sechs Arten des Extrems (Süchtiger und Asket, Täter und Opfer, Star und Fan) können während der Meditation zu einem Problem werden – allerdings bietet die Meditation durch die Förderung des Bewußtwerdens dieser Polarisierung auch die Möglichkeit, diese Polarisierung wieder aufzulösen.

Süchtiger und Asket, Täter und Opfer, sowie Star und Fan ziehen sich gegenseitig an, brauchen einander – und gehen oft eine Paar-Beziehung ein.

III   Hilfsmittel der Meditation

Da es viele Formen der Meditation gibt, die sich aus dem Streben nach der Koordinierung verschiedener Bewußtseinsarten ergeben, gibt es auch viele Hilfsmittel beim Meditieren. Diese Hilfsmittel haben alle sehr verschiedene Wirkungen und werden daher für verschiedene Ziele eingesetzt.

III 1.   Konzentration

Die Konzentration richtet die Aufmerksamkeit auf ein einzelnes Wesen oder Objekt bzw. auf eine einzige Bewegung oder Tätigkeit aus. Dadurch nähert sich das Bewußtsein der Einsgerichtetheit der Ekstase an.

Diese Betonung eines einzigen Bildes, Wortes o.ä. gibt diesem Bild, Wort usw. eine große Kraft, die auf das Unterbewußtsein wirkt, das alles mobilisiert, was diesem Bild, Wort usw. zu tun hat. Folglich wird das, was durch das Wort, Bild usw. ausgedrückt wird, in dem Meditierenden verstärkt. Zudem wird auch die Telepathie des kollektiven Unterbewußtseins aktiviert, sodaß der von dem kollektiven Unterbewußtsein arrangierte „sinnvolle Zufall" die Dinge, auf die sich der Meditierende konzentriert hat, in dessen Leben holt.

Es gibt also drei Wirkungen der Konzentration:

1. die Annäherung an den Zustand der Einsgerichtetheit (Ekstase);
2. die Verstärkung der Eigenschaften dessen, worauf sich der Meditierende konzentriert hat, in der Psyche des Meditierenden; und
3. das Anfüllen der Umgebung des Meditierenden (durch das kollektive Unterbewußtsein) mit dem Qualitäten und den Dingen, auf die sich der Meditierende konzentriert hat.

Als viertes kann noch die Annäherung an die eigene Seele stattfinden: Konzentration ist zum einen Einsgerichtetheit und zum anderen ganz wörtlich das „Arrangieren um eine Mitte herum". Diese Mitte ist die Seele – man kann ihr u.a. auch durch die Einsgerichtetheit und durch die innere Stille näherkommen.

III 2. Imagination

Die Imagination ist die Fähigkeit, sich ein Bild möglichst intensiv vorstellen zu können. Diesen Zustand des „Bilder-Sehens" kann man durch Konzentration erlernen oder auch durch Traumreisen – zweiteres ist für fast alle Menschen deutlich einfacher. Allerdings fördern die Traumreisen zunächst einmal nur die Wahrnehmungsseite des „Bilder-Sehens" und nicht die Gestaltungs-Seite, also das absichtliche Erschaffen von Bildern.

Die Bilder, die man innerlich erschafft, gehen, wenn sie intensiv genug sind, in das Unterbewußtsein und von dort aus weiter in das kollektive Unterbewußtsein, das mithilfe von „sinnvollen Zufällen" die imaginierten Dinge in das Leben des Betreffenden holt.

Es sind allerdings nicht unbedingt intensiv imaginierte Bilder notwendig, um das kollektive Unterbewußtsein zu erreichen und zum Handeln zu bewegen. Konzentration und Imagination sind sozusagen Druckmittel – man steckt bewußt soviel Intensität in ein Bild, daß es sich gegen alle Widerstände in der eigenen Psyche durchsetzt. Es reicht aber auch ein einfacher Wunsch nebenher, um das kollektive Unterbewußtsein zum Handeln zu bringen – vorausgesetzt, der Wunsch ist vollkommen entspannt und widerspruchsfrei. Die große Konzentration und die Imagination braucht man nur, wenn der Wunsch in der eigenen Psyche auf Widerstände stößt – der Wunsch ist dann ein „ja, aber …"-Wunsch.

Die Imagination ist jedoch bei der Anrufung von Gottheiten, bei Ritualen, beim Aufbau von Mandalas, bei Heilungen usw. sehr hilfreich. Durch Konzentration und Imagination bewegt man die Lebenskraft – wobei mit „Lebenskraft" hier die „Substanz" des Bewußtseins gemeint ist.

Es gibt mehrere Formen der Wahrnehmung, die entsprechend auch in der Imagination auftreten (ab „2.b") :

III 2. a) Die äußere Wahrnehmung

Die äußere Wahrnehmung geschieht mit den Augen. Man sieht Dinge, die Licht aussenden oder die von Licht beschienen werden, wenn dieses Licht das Auge erreicht. Der optische Eindruck im Gehirn stellt die äußere Form des Gesehenen dar.

III 2. b)   Der Übergang zur inneren Wahrnehmung

Der Übergang zur inneren Wahrnehmung ist z.B. der Beginn einer Traumreise bei der man durch eine imaginierte Tür tritt oder innerlich eine Gottheit anspricht. Auch der Beginn eines Tagtraumes ist solch ein Übergang – wenn auch kein bewußter.

Ebenso ist der Beginn der Imaginationen bei einem Ritual ein solcher Übergang oder das Legen der Hände an einen Baum, wenn man sich mit ihm unterhalten will. Auch das Blicken in eine Kristallkugel oder in einen Spiegel zählt zu diesen Übergängen und ebenso das Verschieben des eigenen Bewußtseins in den Körper eines anderen Menschen, wenn man sehen will, was mit ihm los ist oder wenn man ihn heilen will. Des weiteren zählt auch das bewußte Ausüben von Telepathie und Telekinese sowie die Hypnose zu diesen Übergängen. Der Übergang vom Wachbewußtsein zum Unterbewußtsein weist eine große Vielfalt auf …

Sowohl von der Wahrnehmung her als auch von der Imagination her gesehen entstehen bei diesem Übergang erste Eindrücke, Linien, Symbole, Farbeindrücke, die dann allmählich deutlicher werden.

III 2. c)   Die Wahrnehmung in der Psyche

Die Wahrnehmung bzw. Imagination im Unterbewußtsein (= Traumbewußtsein, Lebenskraftkörper, Astralkörper) besteht aus nur leicht kolorierten Schwarzweiß-Bildern. Die Szenerie ist überall von einem diffusen Licht erfüllt, das keine erkennbare Lichtquelle hat. Die Dinge bewegen sich, die Szenen wechseln manchmal abrupt, man selber ist Teil der Handlung.

Dieser Bereich entspricht der Wahrnehmung, die u.a. von Haschisch künstlich hervorgerufen wird – dieser Zustand ist jedoch durch eine Traumreise wesentlich leichter (und zudem legal) erreichbar.

III 2. d)   Der Übergang zur Seele

An diesem Übergang beginnen die Dinge teilweise von innen her zu leuchten, sie werden zum größten Teil farbig, sie haben unnatürlich scharfe Konturen und sie verwandeln sich ständig in neue Formen, wobei diese Verwandlungen so aussehen, als ob man Ton immer weiter verformen würde – es sind fließende Verwandlungen.

Diese Art der Wahrnehmung ist typisch für LSD und für recht tiefe Meditationen – sie findet sich oft in psychedelischer Kunst dargestellt. Auch Betäubungsspritzen (z.B. beim Zahnarzt) können manchmal diesen Effekt haben – das sieht dann in etwa so aus, als ob die die Dinge, auf die man eine Weile blickt, wie Blasen zu bilden scheinen und zu „blubbern" beginnen.

III 2. e) Die Wahrnehmung im Seelen-Bereich

Die Bilder sind in der Regel Standbilder (sie bewegen und verändern sich nicht). Ab und zu sind sie auch Symbole. Sie sind farbig und sie leuchten von innen her. Diese Bilder haben eine tiefe Bedeutung, die man spüren kann, auch wenn man sie nicht unbedingt gleich versteht.

III 2. f) Der Übergang zum Gottheiten-Bereich

Die Dinge beginnen stärker zu leuchten und sie beginnen durchsichtig zu werden. Das bedeutet, daß man von jedem Ort aus alles sehen kann. Hier können intensive Gefühle auftreten, weil sich die Grenzen aufzulösen beginnen – was sich manchmal in der Vision eines bodenlosen Abgrundes zeigt, in den man springen soll.

III 2. g) Die Wahrnehmung im Gottheiten-Bereich

Hier findet sich Konturen im Licht. Dieser Bereich ist ein Kontinuum, d.h. es gibt keine Abgrenzungen. Hier kann man sich nur noch über die eigene Qualität, aber nicht mehr durch eine Abgrenzung definieren – man ist Teil eines endlosen Kontinuums.

III 2. h) Der Übergang zur Einheit

An diesem Übergang gibt es zwei wichtige Erlebnisse: Das eine ist die Heimat, eine Verbundenheit mit allem, ein Wiederfinden der eigenen „Familie". Die Droge „Ekstasy" ist ein Versuch, den Menschen auf chemische Weise mit diesem Bereich in Kontakt zu bringen. Das andere Erlebnis ist der „Lichtsturm", der ein uneingeschränkter Selbstausdruck ist.

III 2. a) Die Wahrnehmung im Einheit-Bereich

Die Wahrnehmung dieses Bereiches ist gleißend-weißes Licht oder glänzende Schwärze – was nur den Worten nach ein Unterschied ist. Dieser Bereich ist die Einheit, ungegliedert, grenzenlos … und erfüllend …

Die „Heimat", der „Lichtsturm" und die „Einheit" können u.a. in Traumreisen zum Salbei erlebt werden.

III 3. Symbole

Bei Meditationen, Imaginationen und Traumreisen werden manchmal Symbole benutzt. Dies sind oft sehr alte Zeichen, die eine bestimmte Qualität, einen Aspekt einer Gottheit, einen Planeten, eine Fähigkeit, eine Dynamik usw. darstellen. Daher ist es wichtig, bei der Verwendung von Symbolen zu wissen, was ein solches Symbol bedeutet.

Das folgende sind drei Beispiele für wichtige Symbole und ihre Geschichte:

- Sonne: Anfangs war das Bild der Sonne auch das Symbol der Sonne – eine goldene Kreisfläche. Die Farbe der Sonne führte dazu, daß man auch das Metall Gold als Sonnensymbol aufgefaßt hat. Vor der Erfindung des Kompasses hat man die vier Himmelsrichtungen nur anhand des Sonnenstandes erkennen können, woraus sich das Sonnensymbol ergeben hat: ein Kreis (Horizont), in dem sich ein Kreuz (Mitte und die vier Richtungen) befindet.

Durch die Auffassung der Sonne als ein Rad wurde das Kreis-Kreuz auch als Sonnen-Rad aufgefaßt. Um den Schwung der Bewegungen dieses Rades darzustellen, wurden die vier Enden der Speichen umgebogen, sodaß die Swastika entstand, die dann im „Dritten Reich" als Staatssymbol benutzt worden ist. Sie findet sich noch heute im Yoga als Sonnensymbol.

- Schlange: Da Schlangen auf der Erde leben und sich in Felsspalten und in Höhlen verkriechen, ist die Schlange zum Symbol der Toten geworden, die in der Erde bestattet worden sind. Diese Symbolik ist assoziativ auf den Weg ins Jenseits ausgeweitet worden. Die Sonne, die am Abend „starb" und am Morgen „wiedergeboren" wurde, wanderte die Nacht über unter der Erde hindurch. Dieser Sonnenweg wurde durch eine Riesenschlange dargestellt, deren Schwanzende am westlichen Horizont und deren Kopf am östlichen Horizont war.

Durch diese Weg-Symbolik konnte die Schlange auch das darstellen, was aus der Erde emporkommt – den Segen der Ahnen und die Kraft, die sie ihren Nachkommen senden. Daher wurde auch das Innere Feuer als Schlange angesehen: die Kundalini.

Als um 6000 v.Chr. eine lange Trockenzeit begann, frug man sich, wo der Regen geblieben war. Da man wegen der Quellen und auch wegen der Wolken, die am Horizont aus der Erde aufzusteigen scheinen, die Vorstellung hatte, daß alles Wasser aus einem großen Meer unter der Erde kommt, wurden die Wolken offenbar dort unten gefangengehalten – das Wesen, das dort den Regen gefangenhielt, konnte nur die Riesenschlange sein. Offenbar wird diese Schlange, die den Regen im Frühjahr raubt, in den Spätsommergewittern von dem Himmelsgott wieder besiegt, der dabei den Regen wieder befreit.

Dieser Kampf der Himmelsgottes gegen die Riesenschlange wurde dann im Monotheismus zu dem Kampf des Guten im Himmel gegen das Böse unter der Erde.

Auch die Haltung der Schlange spielt eine Rolle: Weist sie nach unten, geht sie in die Unterwelt (Jenseitsreise); weist sie nach oben, steigt sie auf (Kundalini); ist sie ein offener Ring, kreist sie im endlosen Zyklus; beißt sie sich in den Schwanz und ist dadurch ein geschlossener Ring, ist sie gefangene Lebenskraft.

- Vajra: In der frühen Jungsteinzeit gab es in Mesopotamien eine gezackte Linie als Blitzsymbol – meistens drei solcher Linien, die zu einem Bündel zusammengeschnürt gewesen sind. Daraus wurde bei den Indogermanen das Blitzbündel z.B. des Zeus und des Indra.

Da der höchste Gott der Indogermanen der Sonnen- und Himmelsgott Dhyaus gewesen ist, wurde das Blitzbündel mit dem vierspeichigen Sonnenrad zu einem Bündel aus vier Blitzen zusammengefaßt. Dieses Blitzbündel war auch ein Zeichen der Priester und Priesterinnen: das Vajra in Indien und der Stab der germanischen Seherinnen, der oben wie das Vajra vier Bögen hat.

Da man aufgrund der vom Himmel fallenden Meteoriten, die fast nur aus Eisen bestehen, schon sehr früh geglaubt hat, daß die Himmelskuppel aus Eisen besteht, wurden die Vajras in Indien und die Seherinnen-Stäbe bei den Germanen aus Eisen geschmiedet.

Die „Blitz-Bögen" des Vajras wurden in Indien noch mit dem Lotus als Geburts-Symbol und mit den Elefanten als Stärke-Symbol kombiniert. Hinzu kam noch eine Gerade in der Mitte der vier Bögen, die die Quintessenz dargestellt hat. Die Gleichartigkeit der beiden Seiten des Vajras stellt die Entstehung der Welt als Gegensatzpaar dar.

Die Kenntnis der Symbole ist vor allem dann wichtig, wenn man selber Symbole auswählt, um sie in der Meditation oder in der Magie zu verwenden – denn es setzt sich immer die Bedeutung des Symbols durch und nicht das, wofür man das Symbol hält …

III 4. Atem

Der Atem ist eng mit der Lebenskraft assoziiert. Die Assoziationskette „Atem – Leben – Seele" hat dazu geführt, daß in vielen alten Sprachen die Seele als Atem, Windhauch o.ä. bezeichnet wird. Schon aufgrund dieser Assoziation ist die Atmung mit in die Meditation einbezogen worden.

Am gründlichsten und differenziertesten wird dies im Yoga beschrieben. Dort werden die Atemübungen „Pranayama" genannt. Im Yoga gibt es viele Atemübungen, die mit bestimmten Haltungen, einer bestimmten Dauer des Ein- und Ausatmens, bestimmten Imaginationen usw. verbunden sind.

Eine einfache, aber wirksame Variante einer solchen Atemübung sieht wie folgt aus:

einatmen: - Lebenskraft als Licht imaginieren uns sie aus der Umgebung herbeiziehen
                 - innerlich den Namen der Gottheit sprechen, die man um Hilfe bittet, z.B. „Helios"

ausatmen: - Lebenskraft als Licht imaginieren und sie ins Herzchakra lenken
                 - innerlich den Namen der Qualität sprechen, die man sich erwünscht, z.B. „Liebe"

III 5. Mantren

Ein Mantra ist ein Wort oder ein Satz, der das ausdrückt, was man erreichen will – wie z.B. die beiden Worte „Helios" und „Liebe" bei der oben angeführten Atemübung.

Die beiden wichtigsten Mantren sind „Ma" und „Om" bzw. „Aum". Das „m" ist der Laut, der entsteht, wenn der Mund geschlossen ist; das „a" ist der Laut, der entsteht, wenn der Mund offen ist.

Das Wort „Ma" entsteht, wenn man einen Ton von sich gibt und dann den Mund öffnet, damit er lauter wird. „Ma" ist also ein Ruf und das einfachste aller Worte – das folglich auch das Wichtigste herbeiruft: die Mutter.

Das Wort „Am" bzw. „Aum" oder „Om" entsteht, wenn man einen Ton von sich gibt und dann zufrieden wird und den Mund schließt. „Am" ist also das Wort der Rückkehr in sich selber und daher das wichtigste aller Mantren.

„Ma" ist der Impuls nach außen hin und „Am" ist die Rückkehr nach innen.

Mantren werden oft als Konzentrationshilfen benutzt – durch das ständig laut oder auch nur innerlich gesprochene Mantra schwingt sich das Bewußtsein nach und nach auf den Klang dieses Wortes ein und erfüllt sich damit. Die Wirkung davon ist dieselbe wie bei einer intensiven Konzentration oder Imagination:

- Das Wachbewußtsein nähert sich dem einsgerichteten Ekstase-Zustand an;
- die Psyche wird von der Qualität erfüllt, die von dem Mantra bezeichnet wird; und
- das Wachbewußtsein wird von dem Mantra erfüllt und sendet das betreffende Wort in das Unterbewußtsein, das es wiederum in das kollektive Unterbewußtsein schickt, das dann darauf mit „sinnvollen Zufällen" antwortet.

Konzentration, Imagination und Mantren-Sprechen sind drei verschiedene Bewußtseins-Werkzeuge mit derselben Funktion.

III 6. Gesang

Der Gesang unterscheidet sich vom Sprechen dadurch, daß beim Sprechen die Inhalte der Worte im Vordergrund stehen, beim Gesang jedoch das Schwingen der einzelnen Töne sowie die Melodie. Daher hat der Gesang auch eine andere Wirkung auf den Menschen als das Sprechen und auch eine andere Wirkung als das Mantren-Sprechen.

In der Meditation werden in der Regel einfache, kurze Melodien, die maximal die Länge einer Strophe haben, über eine länger Zeit hin wiederholt („chanten"). Dadurch kommt man in ein Schwingen und Fließen, das in der Regel stärker als das Mantren-Sprechen dafür sorgt, daß in dem Wachbewußtsein ein Bild von dem Thema dieses Liedes (z.B. Shiva) entsteht. Dieses Bild wird dann in das Unterbewußtsein gesandt und entfaltet dort seine Wirkung.

Lieder spielen auch in Ritualen oft eine große Rolle – z.B. in Schwitzhütten-Zeremonien.

III 7. Gruppengesang

Wenn man in einer kleinen Gruppe oder in einer größeren Gemeinschaft ein Lied singt, ist die Wirkung deutlich größer als wenn man alleine singt. Zum einen trägt der Gesang der anderen den eigenen Gesang mit (und der eigene Gesang auch den der anderen) und zum anderen wird dadurch, daß sich mehrere Menschen gemeinsam auf dasselbe Lied und somit auch auf dasselbe Thema konzentrieren, das kollektive Unterbewußtsein direkt miteinbezogen.

Das kollektive Unterbewußtsein besteht aus den telepathischen Verbindungen zwischen den einzelnen Menschen. Beim Gruppen-Gesang wird sozusagen eine „Konferenz-Schaltung" hergestellt, bei der alle gemeinsam dieselbe Botschaft aussenden. Durch diese „Konferenz-Schaltung" schwingt das kollektive Unterbewußtsein sofort mit – schließlich besteht das kollektive Unterbewußtsein aus den telepathischen Verbindungen zwischen den singenden Menschen.

Der Gruppengesang benutzt dieselbe Dynamik wie die Massenhypnose – allerdings haben sich beim Gruppengesang (in der Regel) alle aus freiem Willen zu diesem Singen entschlossen, während bei der Massenhypnose die versammelten Menschen von einem Einzelnen manipuliert werden.

III 8. Körperhaltung

Die Bedeutung der Körperhaltung bei der Meditation ist vor allem aus dem Yoga bekannt. Im Prinzip kann man in jeder Haltung meditieren, aber andererseits hat auch jede Haltung eine Wirkung auf das Bewußtsein. Daher ist es sinnvoll zu schauen, in welcher Haltung man am besten meditieren kann.

Es gibt eine Haltungen, die für das Erwecken der Kundalini besonders geeignet ist: Vir-Asana („Drache"). – Man sitzt auf den Unterschenkeln, Hintern auf den Fersen, Oberkörper aufrecht, die Arme zur angewinkelt, Ellenbogen unten, die Hände auf Kopfhöhe.

Eine andere Haltung ist besonders für das Erwecken des Sonnengeflechts geeignet: die Rune „Os". – Man steht aufrecht, die Beine sind leicht gespreizt, die Hände sind in die Hüfte gestemmt, die Ellenbogen stehen seitlich ab.

Für Anrufungen gibt es eine allgemein übliche Haltung: Man steht aufrecht und erhebt die Arme seitlich nach oben. Diese Haltung findet sich u.a. als die

Man-Rune.

Für das Aufnehmen von Lebenskraft z.B. von der Sonne gibt es ebenfalls eine allgemein verbreitete Haltung: Man steht aufrecht, hält die Arme noch vorne oben empor und richtet die Handflächen z.B. zur Sonne (Runen: „Fa").
Man kann im Prinzip jede Haltung zur Meditation benutzen. Jede Haltung, insbesondere wenn sie symmetrisch ist, setzt ein oder mehrere Chakren in den Mittelpunkt dieser Haltung – wie z.B. die Os-Rune das Sonnengeflecht, auf das die Hände weisen. Daher kann man im Prinzip jede Haltung ausprobieren und schauen, auf welches Chakra sie wirkt bzw. welche Wirkung sie auf das eigene Bewußtsein hat.
Manchmal ist für eine bestimmte erwünschte Wirkung auch nur eine einzelne Geste und keine gesamte Körperhaltung notwendig: Für das Erwecken der Handchakren genügt es z.B., sie der Sonne entgegen zu halten – egal in welcher allgemeinen Körperhaltung.
In Indien werden die Körperhaltungen „Asana" genannt und die Handhaltungen, also die Gesten, „Mudra". Von ihnen gibt es eine große Vielfalt – einfach, weil so gut wie jede Haltung auch eine Wirkung hat.
In der Regel werden die Haltungen nicht einzeln benutzt, sondern in Kombination mit Atemübungen, Mantren oder Gesang. Diese drei Dingen aktivieren sozusagen das Potential der Haltung – oder anders herum gesagt: Die Haltung lenkt die Wirkung des bewußten Atmens, der Mantren und des Gesangs an bestimmte Körperstellen.

III 9. Bewegung

Bewegungen sind in der Meditation eher selten, aber sie kommen durchaus vor: als Folge von Körperhaltungen (Asanas) wie bei dem indischen Sonnengruß oder bei den Runen-Übungen, als Folge von Handlungen in einem Ritual, im Tempeltanz, bei Anrufungen usw. Diese „bewegten Meditationen" gehen bereits in Rituale über – es gibt keine scharfe Grenze zwischen diesen beiden.
Die Meditation des „aufblühenden Lotus" bei der man im Lotussitz sitzt und anfangs die Hände im Schoß liegen hat, sie dann langsam noch oben bewegt („Aufsteigen der Lotusknospe") und danach seitlich nach unten („Öffnen der Knospe") und sie dann schließlich wieder in den Schoß legt, ist vor allem eine Meditation – zudem ist die Bewegung extrem langsam.
Beim Sonnengruß nimmt man nacheinander verschiedene Haltungen ein, aber verharrt jeweils längere Zeit in den einzelnen Haltungen. Der Sonnengruß steht somit in etwa in der Mitte zwischen Meditation und Ritual.
Beim Tempeltanz ist die Tänzerin bzw. der Tänzer ganz auf die dargestellte Gottheit

ausgerichtet – es ist also eine Meditation. Aber die ständige Bewegung stellt den Tanz doch näher an das Ritual als an die Meditation.

Letztlich brauchen Meditation und Ritual dieselbe Einsgerichtetheit, um wirkungsvoll sein zu können – es werden bei beiden nur verschiedene Hilfsmittel benutzt, um diesen Zustand zu erreichen.

III 10. Chakren

In der Meditation lassen sich viele Dinge am einfachsten mithilfe einer Lebenskraft beschreiben – wobei es in diesem Buch nicht darum geht, genau zu beschreiben, was diese Lebenskraft eigentlich ist. Sie ist vor allem ein praktisches Modell, mit dessen Hilfe man viele Vorgänge und Wahrnehmungen beschreiben kann. In diesem Modell enthalten alle Dinge auch Lebenskraft. Die Lebenskraft steht zwischen Materie und Bewußtsein. Hellseherisch wird sie als milchigweißes Leuchten mit einem leichten Blauschimmer wahrgenommen.

Die Lebenskraft eines Menschen ist kein „Sack voll Licht", der keinerlei Struktur hat, sondern er hat Organe: die Chakren. Diese Chakren spielen in der Meditation eine große Rolle – schon deshalb, weil man sie in der Meditation des öfteren als Hitze, Rotieren, Druck u.ä. in sich wahrnehmen kann. Jedes dieser Chakren hat eine bestimmte Funktion.

Die sieben Hauptchakren sind:

- Scheitelchakra (oben auf dem Kopf): geistiger Kontakt
- Drittes Auge (zwischen den Augenbrauen): Orientierung in der Welt
- Hals-Chakra (Kehlkopf): sozialer Selbstausdruck
- Herz-Chakra (Brustmitte): Identität
- Sonnengeflecht (kurz über dem Nabel): körperlicher Selbstausdruck
- Hara (kurz unter dem Nabel): innerer Halt
- Wurzel-Chakra (zwischen Genitalien und After): körperlicher Kontakt

Die wichtigsten Zwischenchakren sind:

- Haaransatz-Chakra (oberes Ende der Stirn): Entschluß zum Kontakt
- Gaumen-Chakra (Gaumen): die Stellung in der Welt festlegen
- Thymus-Chakra (oberes Ende des Brustbeins): den Willen verkünden
- Wunschbaum (unteres Ende des Brustbeins): Wille wird zu Wunsch
- Nabel-Chakra (Nabel): ein Wunsch wird konkret
- Schamhaar-Chakra (Schamhaar-Ansatz): Entschluß zum Kontakt

Die wichtigsten Nebenchakren sind:

- Hand-Chakra (Mitte der Handflächen): Geben und Nehmen von Lebenskraft aus der Umwelt
- Fuß-Chakra (Mitte der Fußsohlen): Geben und Nehmen von Lebenskraft aus der Erde

Es gibt noch deutlich mehr Chakren, die alle spezielle Funktionen haben, aber ihre vollständige Beschreibung würde den Rahmen dieses Buches sprengen.

III 11. Kundalini

Die Chakren sind die Organe des Lebenskraftkörpers des Menschen – die Kundalini ist ein Teil des Lebenskraft-Kreislaufes im Lebenskraftkörper. Dieser Kreislauf ist wie ein Springbrunnen:

- die Lebenskraft sammelt sich im Wurzelchakra
- sie steigt wie ein Strahl zum Scheitelchakra auf
- sie entfaltet sich über dem Kopf wie eine Fontaine
- sie fällt rings um den Körper wie Tropfen nieder
- sie sammelt sich wieder im Wurzelchakra

Die Kundalini kann frei fließen, wenn es in den Chakren keine Blockaden gibt – wenn der Mensch also keine Ängste, Süchte oder falsche Vorstellungen hat. Das bedeutet, daß man durch die Heilung der Psyche die eigene Kundalini befreien kann – und daß man sich durch das Erwecken der Kundalini der eigenen Ängste, Süchte und falschen Vorstellungen bewußt wird.

Somit ist die Kundalini ein wichtiges Hilfsmittel bei der Selbstheilung – die ein wesentlicher Aspekt aller Meditationen ist.

III 12. Visionen

Visionen sind optischen Wahrnehmungen. Im engeren Sinne sind Visionen optische Wahrnehmungen, die von innen stammen und die man der äußeren Wahrnehmung überlagert. Bei einer Traumreisen sieht man hingegen nur die inneren Bilder. Bei einer Familienaufstellungen gibt es eher ein Spüren und ein spontanes Handeln, aber manchmal auch einen Wechsel zwischen äußerer und innerer Wahrnehmung.

„Echte" Visionen treten vor allem im Zusammenhang mit dem kollektiven Unterbewußtsein auf – insbesondere bei der Wahrnehmung von Gottheiten, Tier-Muttergöttinnen, Elfen usw. Diese Wesen erscheinen dann als Teil der Wahrnehmung der äußeren Welt.

Das klingt natürlich verdächtig nach Psychose und Realitätsverlust – aber man kann diese beiden Komponenten der eigenen Wahrnehmung durchaus gut unterscheiden. Solange man sich darüber bewußt ist, daß es solche Visionen geben kann und das man dabei verschiedene Ebenen in einem Bild zusammengefaßt hat, sind solche Visionen auch kein Problem, sondern ganz im Gegenteil eine große Bereicherung.

Solche Visionen können in der Meditation auftreten, aber genausogut auch im Ritual – vor allem bei Invokationen (Anrufungen) und Evokationen (Beschwörungen).

Ihr Hauptnutzen liegt darin, daß man mithilfe solcher Visionen direkt mit den Urbildern im kollektiven Unterbewußtsein (Gottheiten) sprechen kann. Dies ist allerdings auch auf Traumreisen möglich – es ist also nicht notwendig, unbedingt Visionen zu haben, um den Kontakt zu Gottheiten erlangen zu können.

III 13. Ausdauer

Generell gilt für die Meditation ein Spruch aus dem I Ging: „Förderlich ist Beharrlichkeit."

Aber nicht alle Meditationen müssen lange Zeit durchgeführt werden – manchmal hilft auch eine einmalige Meditation, insbesondere bei Traumreisen und Einweihungen. Dazu sagt das I Ging: „Förderlich ist es, das Große Wasser zu durchqueren."

IV   Der Meditierende

Es lohnt sich, auch den Meditierenden selber einmal genauer zu betrachten, denn der Mensch ist ja ein sehr differenziertes Wesen, das sich nicht mit der einfachen Formel „Körper und Bewußtsein" vollständig beschreiben läßt.

Da man beim Meditieren recht gründlich nach innen schaut, besteht eine gute Chance, daß man beim Meditieren auch seine eigene innere Struktur besser kennenlernt.

IV 1.   Der Körper

Zunächst einmal gibt es den Körper. Er spielt bei der Meditation vor allem beim Hatha-Yoga, bei den Runen-Haltungen, bei den Tempel-Tänzen u.ä. eine Rolle. Und er ist natürlich das „Heim" des Bewußtseins – und er wird in aller Regel durch das Meditieren kräftiger und gesünder.

IV 2.   Der Lebenskraftkörper

Insbesondere bei der Astralreise, aber auch bei der Erweckung der Chakren, beim Aufsteigen der Kundalini und noch einigen anderen Erlebnissen wird deutlich, daß der Mensch mehr als nur sein Körper ist. Dieser Lebenskraftkörper kann sich sogar von dem materiellen Körper lösen und sich unabhängig von ihm an einen anderen Ort bewegen und dann wieder in den physischen Leib zurückkehren (Astralreise).

Der Lebenskraftkörper ist für andere Menschen im allgemeinen unsichtbar, er kann jedoch selber alles sehen und hören und auch durch Wände u.ä. gehen (da er nicht physisch ist). Das Erlebnis der Astralreise ist die Grundlage der Religion, weil sie zeigt, daß der Mensch mehr als sein Leib ist.

IV 3.   Die drei Verbündeten

Im Bereich der Lebenskraft zieht Gleiches Gleiches an. Zwei Varianten davon sind der homöopathische Grundsatz „Gleiches heilt Gleiches" und das Analogie-Prinzip „Gleiches wirkt auf Gleiches" aus der Magie.

Dieses Prinzip führt dazu, daß der Lebenskraftkörper eines Menschen, wenn er sich nach der Zeugung bildet, das, was ihm ähnlich ist, anzieht. Der Charakter des Lebenskraftkörpers wird durch die Seele, die sich in ihm inkarniert hat, sowie durch die Absicht dieser Seele für das vor ihr liegende Leben geprägt.

Das bedeutet, daß der von der Seele geprägte Lebenskraftkörper aus dem Tierreich, aus dem Pflanzenreich und aus dem Mineralreich die drei Wesen anzieht, die der Seele und ihrer Absicht für ihre derzeitige Inkarnation am besten entsprechen. Diese drei Wesen bleiben dem betreffenden Menschen sein ganzes Leben lang verbunden und unterstützen die Seele – daher sind die die Verbündeten der Seele.

Diese drei Wesen sind das Krafttier, das der Handlungsweise der Seele entspricht, die Kraftpflanze, die der Haltung der Seele entspricht, und der Kraftstein, der der Struktur der Seele entspricht.

IV 4. Der innere Mann und die innere Frau

Wenn sich die Seele inkarniert, entsteht rings um die befruchtete Eizelle aus der bei dem Orgasmus der Eltern freiwerdenden Lebenskraft eine rotierende Kugel aus Lebenskraft, die dann zu dem Lebenskraftkörper des Embryos wird. Dieser Lebenskraftkörper wird durch drei Dinge geprägt:

- durch die Gene in der befruchteten Eizelle, die festlegen, das aus ihr ein Mensch entsteht;
- durch die Lebenskraft selber, deren Dynamik zu der Entstehung der sieben Hauptchakren sowie der Nebenchakren führt; und
- durch die Seele, die sich in dem Lebenskraftkörper spiegelt.

Diese Spiegelung der Seele in dem Lebenskraftkörper zieht die drei Verbündeten an. Da die Lebenskraft zweipolar ist (männlich/weiblich, Yin/Yang, +/- usw.), entstehen in dem Lebenskraftkörper zwei Spiegelbilder – ein männliches und ein weibliches. Bei einem Mann wird das männliche Seelen-Spiegelbild zu dem Identität-Bild dieses Mannes und das weibliche Spiegelbild zu dem Such-Bild dieses Mannes – bei einer Frau ist dies umgekehrt.

Diese beiden inneren Bilder sind vor allem im Tantra-Yoga wichtig – aber es ist für jeden von großem Vorteil sie zu finden, da der Kontakt mit ihnen die eigenen Beziehungen heilen kann.

IV 5. Die Seele

Die Seele ist die Essenz eines Menschen – sie ist das, was sich in diesem Menschen inkarniert hat. Sie ist der rote Faden der Reinkarnation.

Wenn man sich der eigenen Seele bewußt wird, hört die Suche nach dem Sinn des Lebens auf, weil er dann offensichtlich wird: das ausdrücken, was die eigene Seele ist.

IV 6.   Die Schutzgottheit

Die Schutzgottheit ist sozusagen das Meer, von dem die eigene Seele ein Tropfen ist. Wenn man diese Gottheit findet, versteht man die Dynamik der eigenen Seele sehr viel besser.

Die alten Ägypter hielten die Kenntnis dieser Gottheit für so wichtig, daß sie z.B. vor der Deutung eines Traumes den Betreffenden nach seiner „Gottheit im eigenen Herzen" frugen, da z.B. das Motiv der Gewalt in einem Traum für den wilden Wüstengott Seth etwas ganz anderes bedeutet als für die Hebammen-Göttin Thoeris.

IV 7.   Gott

Was soll man über Gott sagen? Er ist die Einheit hinter all der Vielheit dieser Welt. Er ist die Quelle aller Dinge.

IV 8.   Die „Nabelschnur"

Es gibt viel Meditations-Systeme, die in der einen oder anderen Weise auf den genannten Bestandteilen des Menschen aufbauen und einen Weg von der Vielheit über die Seele zur Einheit darstellen.

Zu diesen Systemen gehört die „Mittlere Säule" aus der Kabbala, der „achtfache Pfad" des Buddha, der „Lamrim" („Stufenweg") aus dem tibetischen Buddhismus, die Mandala-Meditationen des Hinduismus und des Buddhismus, das „die Himmels-kuh melken" aus den Upanishaden der frühen Inder, der Baum der sieben Chakren, der Rosenweg der Sufis, das „drawing down the moon" der Hexen usw.

Sie alle sind eine Verbindung des Menschen zu Gott, eine „Nabelschnur" eine „re-ligio", also eine „Wiederanbindung" an Gott.

Diese „Nabelschnur" ist auch der Weg, auf dem man bei der Meditation wandert …

V   Hilfen bei der Meditation

Es gibt mehrere wichtige äußere Elemente, die einen Menschen bei der Meditation unterstützen können – zusätzlich zu den inneren Helfern wie den drei Verbündeten, der Seele und der Schutzgottheit.

V 1.   Gruppe

Das gemeinsame Singen und Meditieren kann die Wirkung des Singens bzw. des Meditierens verstärken. Man sollte aber immer auch alleine singen und meditieren – um eigenständig zu bleiben und um zu erleben, wie man sich dabei aus sich selber heraus fühlt.

Weiterhin kann man einer Gruppe Erfahrungen austauschen und Methoden vergleichen, was für den eigenen Fortschritt vor allem am Anfang sehr hilfreich ist.

Es gibt auch eine Reihe von Experimenten, die man nicht alleine durchführen kann wie z.B. Hypnose oder einige Telekinese-Versuche – und diese Experimente können deutlich machen, was man durch Meditation bzw. durch Magie alles bewirken kann.

V 2.   Guru

Man lernt am leichtesten durch Nachahmung. Daher ist jemand, der das schon kann, was man selber lernen will, sehr hilfreich. Man sollte aber stets die Fähigkeit des Lehrers von dem Stil des Lehrers unterscheiden können, da man seinen eigenen Stil finden muß, um effektiv sein zu können. Einfach alles so zu tun, wie man es gezeigt bekommt und dabei auch noch die gesamte dahinter stehende Philosophie zu übernehmen, ist nicht sinnvoll.

Ein Mensch, der z.B. darin geübt ist, Traumreisen zu machen oder in die Stille zu gehen, kann einen anderen Menschen mir in diesen Zustand hineinnehmen – was das Erlernen dieser Fähigkeit bzw. das Erreichen dieses Zustandes auch anschließend ohne die Anwesenheit des Lehrers sehr stark erleichtert ... man kennt schon den „Geschmack" dessen, was man erreichen will.

Das Mitnehmen in einen Bewußtseinszustand und die Erläuterungen zu der Methode, durch die man ihn erlangen kann, wird in Indien und Tibet „Belehrung und Kraftübertragung" genannt. Bei uns im Westen würde man das am ehesten etwas ungenau als „Rat und Hilfe" bezeichnen.

V 3. Einweihung

Eine Einweihung kann einfach aus dem Mitnehmendes Schülers durch den Lehrer in einen anderen Bewußtseinszustand sein – also die im vorigen Kapitel beschriebene „Kraftübertragung".

Eine andere Form der Einweihung besteht darin, daß ein Lehrer für einen Schüler die Verbindung zu einer Gottheit herstellt. Diesen Kontakt könnte man auch mit einer Traumreise erreichen, aber möglicherweise ist die Einweihung intensiver – insbesondere wenn sie von mehreren geübten Personen durchgeführt wird. Generell ist es vermutlich vorzuziehen, diese Gottheit zunächst per Traumreise kennenzulernen – kleine Schritte kann man leichter integrieren …

Eine weitere Form der Einweihung ist das Nahtod-Erlebnis. Dabei verläßt man den eigenen Körper („Astralreise") und erlebt, daß man mehr als nur der eigene Körper ist. Viel alte Einweihungen sowie der gesamte Schamanismus und ein großer Teil der Mysterien besteht aus einem Nahtod-Erlebnis – im Schamanismus geschieht er zufällig, in den Mysterien wird er absichtlich herbeigeführt.

V 4. Vertrauen

Man kann auch die Begegnung mit den drei eigenen Verbündeten, mit der eigenen Seele, mit der eigenen Schutzgottheit und mit Gott als Einweihung bezeichnen – auch wenn das nicht so üblich ist. Durch den Kontakt zu diesen Teilen des eigenen Wesens kann man zum einen ein tieferes Verständnis für sich selber finden, zum anderen auch neue Fähigkeiten und schließlich auch noch eine Verwandlungen – hin zu sich selber.

Diese Begegnungen lassen zudem ein Vertrauen zu diesen Wesen und eine Geborgenheit in ihnen entstehen – was letztlich ein Vertrauen zu sich selber und zu der Welt ist. Diese beiden Gefühle werden um so größer, je weiter man auf dem Weg „Körper – Verbündete – Seele – Schutzgottheit – Gott" gekommen ist.

VI Dynamiken in der Meditation

In der Meditation gibt es verschiedene Dynamiken. Ihre Kenntnis kann die Meditation und das Vorgehen bei Krisen deutlich erleichtern.

Diese Dynamiken entsprechen den sieben Phasen der Entwicklung eines Menschen, die analog zu den sieben Phasen der Entwicklung der Menschheit als Ganzes verlaufen.

VI 1. Assoziation

- <u>Individuelle Phase</u>: Dies ist die von Freud beschriebene „orale Phase". Der Säugling lebt in einer Symbiose mit der Mutter – idealerweise in Geborgenheit.

- <u>Allgemeine Epoche</u>: Diese Phase entspricht der Altsteinzeit, in der die Menschen als Teil der Natur in der Natur gelebt haben. Prägend für diese Zeit ist die Muttergöttin.

- <u>Kernaussage</u>: „Ja"

- <u>Dynamik in der Meditation</u>: Die Symbiose und das Erleben von sich selber als Teil der Natur führt zu einem Kontakt mit allem, dem man begegnet (der Säugling steckt alles in den Mund). Auf dieser Ebene der Psyche entstehen die Assoziationen – was in derselben Situation erlebt wird, wird innerlich miteinander verknüpft. Das Assoziationsprinzip läßt sich verwenden, um durch Betrachtungen, Traumreisen, Rituale usw. in sich selber komplexe Bilder zu erschaffen, die den erwünschten heilen Zustand darstellen.

Auch die Telepathie und die Telekinese ist eine Assoziation – man verbindet sich mit Wesen und Dingen außerhalb von sich und erlangt daher Kenntnisse über sie und kann sie (wie den eigenen Körper) bewegen.

Auf dieser Ebene finden u.a. auch die Traumreisen und die Imaginationen statt. Dies ist auch die Ebene des Schamanismus und der Familienaufstellungen.

Das Wesen dieser Ebene ist letztlich die Geborgenheit im Hier und Jetzt.

Die Assoziation ist ein Merkmal des Lebens: Atome lagern sich zu Molekülen zusammen, Moleküle lagern sich zu Zellen zusammen, Zellen lagern sich zu Lebewesen zusammen, Lebewesen lagern sich zu Gemeinschaften zusammen …

VI 2. Analogie

- <u>Individuelle Phase</u>: Dies ist die von Freud beschriebene „anale Phase", die ungefähr im Alter von einem Jahr beginnt. Das Kleinkind lernt laufen, sprechen und „nein" zu sagen.

- <u>Allgemeine Epoche</u>: Diese Phase entspricht der Jungsteinzeit, in der die Menschen durch den Ackerbau, die Viehzucht, das Errichten von Dörfern, die Anfänge der Technik usw. Inseln der Kultur in der Natur erschufen und dadurch ihre Lebensgrundlage wesentlich besser als vorher absichern konnten. Prägend für diese Zeit ist der Gegensatz von Korngott und Wildnisgott.

- <u>Kernaussage</u>: „Nein!"

- <u>Dynamik in der Meditation</u>: Diese Ebene ist durch Analogien geprägt: Das Kind will, daß alles so geschieht wie immer, und in den alten Kulturen orientiert man sich an der Tradition und an der „Richtigkeit". Auf dieser Ebene entstehen Mythen und Urbilder – die Gottheiten. Man wiederholt das, was richtig ist – dadurch entsteht der immer gleiche Zyklus. In der Meditation ist dies die Tradition, das Lernen, die alten Mantren, die Gottheiten, die Asanas und Mudras usw.

Im engeren Sinne findet sich die Analogie als eine der wichtigsten Grundlagen der Magie, als die Grundlage der Astrologie und aller Orakel-Systeme, und schließlich auch in dem Prinzip der Wiederholung eines Mantras oder einer Imagination oder einer Atemübung, eines allmorgendlichen Rituals, der Jahresfeste usw.

Es lohnt sich, das Prinzip der Wiederholung und des endlosen Zyklus in der Meditation genauer zu betrachten. Durch die Wiederholung wird in der Psyche sozusagen ein Weg ausgetreten, der dann immer leichter zu gehen ist – die früheren Schritte erleichtern die jetzigen Schritte, da die Erinnerung an die früheren Schritte mit den jetzigen Schritten mitschwingt.

Das zeigt sich in der Meditation sehr deutlich. Wenn man eine Meditation längere Zeit durchführt, wird man anfangs Energie und Konzentration aufbringen müssen, um diese Meditation durchzuführen. Schließlich geschieht aber etwas Neues – man ist anfangs wie auf einen Berg hinaufgestiegen und findet nun oben auf dem Berg ein kleines Tal, in das man hinabsteigt. Von dort „rollt man nicht einfach wieder den Berg hinunter" wie zuvor, denn der Zustand dort ist stabil. Um diesen Zustand wieder zu verlassen, muß man sich dazu entschließen und „bis zu dem Rand des Tals empor steigen".

Technischer formuliert könnte man sagen, daß durch die Wiederholung eine stehende Welle bzw. eine Rückkopplung entsteht, die den erreichten Bewußtseinszustand stabilisiert. Dieser Bewußtseinszustand kann eine Traumreise sein, die innere Stille, eine Kundalini-Meditation, eine Herz-Meditation, eine Anrufung von Gott, die Invokation einer Gottheit und vieles mehr. Bei allen diesen veränderten Bewußtseinszuständen kann der Effekt eintreten, daß sich dieser Zustand selber stabilisiert – was ausgesprochen angenehm ist.

Dieser stabile Zustand ist eine Einsgerichtetheit – eine „stille Ekstase" im Gegensatz zu der „lauten Ekstase", die durch Lust oder Angst erzeugt wird und auf eine Handlung drängt. In der meditativen Ekstase ruht man und kann genießen, wie sich diese Ekstase immer weiter vertieft. Daher ist die Ekstase, die man durch die Meditation erreichen kann, letztlich viel erfüllender als die Lust-Ekstase, also der Orgasmus – beides schließt sich natürlich gegenseitig nicht aus, sodaß man, wenn man möchte, auch beides haben kann.

Die Rückkopplung ist ein Merkmal des Lebens: Die ersten biologischen Systeme sind aus den chemischen Systemen dadurch entstanden, daß bei manchen chemischen Reaktionen Abfallprodukte entstanden sind, deren Anwesenheit dazu geführt hat, daß die chemische Reaktion, die diese Abfallprodukte hat entstehen lassen, schneller und einfacher abläuft. Dadurch haben sich diese chemische Reaktion und diese Abfallprodukte vermehrt und traten häufiger auf. Diese „Abfallprodukte" nennt man in der Chemie „Katalysator" und in der Biologie „Enzym".

Man kann Mantren, Imaginationen, Atemübungen u.ä. als „Enzyme des Bewußtseins" auffassen.

Leider gibt es auch unerwünschte Kreise von „ ... *chemische Reaktion => Enzym => chemische Reaktion => Enzym ...* ". Dies sind z.B. die Gedankenkreise, bei denen man völlig unproduktiv immer wieder dasselbe denkt – oder auch solche Folgen wie „ ... *Angst => Angstbild => entsprechendes Ereignis => Angst ...* ".

Zum Glück kann man solche sich selber verstärkenden Wirkungs-Kreise auch für angenehme Dinge aufbauen wie z.B. „ ... *Fülle-Bild => reale Fülle => Fülle-Bild ...* ". Ein großer Teil der Meditation und der Magie beschäftigt sich damit, solche Rückkopplungs-Systeme, die auf etwas Erwünschtes ausgerichtet sind, herzustellen. Dies kann ein Mantra sein, ein allabendliches Gebet, das täglich durchgeführte Kleine Pentagramm-Ritual oder die regelmäßige Meditation über die eigene Seele.

VI 3. Identifizierung

- Individuelle Phase: Dies ist die von Freud beschriebene „phallische Phase", die ungefähr im Alter von 3 Jahren beginnt. In ihr lernt das Kind „ich" zu sagen statt seinen Eigennamen und entwickelt eine größere Eigenständigkeit und einen eigenen Willen und eigene Vorstellungen.

- Allgemeine Epoche: Diese Phase entspricht dem Königtum, in dem alle Vorgänge auf den König zentriert sind, der dem Ich entspricht. Zu dieser Epoche gehören der Monotheismus, also die Religionsform des „Einen Gottes", und die Philosophie, die alles von einer ersten Ursache ableitet.

- <u>Kernaussage</u>: „Ich!!!" (aus „Ja" und „Nein!" entsteht Selbsterkenntnis und Selbstdefiniton)
- <u>Dynamik in der Meditation</u>: Auf dieser Ebene steht der eigene Wille des Meditierenden bzw. des Magiers im Zentrum, also die Selbsterkenntnis und der Selbstausdruck. Die wichtigste Methode sowohl in der Magie als auch in der Meditation ist die Identifizierung mit einer Gottheit – also das Lernen von einem Vorbild. In der phallischen Phase sind auch für die Kinder Vorbilder, die sie begeistern, ausgesprochen wichtig.

Diese Methode der Identifikation, die auch „Invokation" genannt wird, findet sich z.B. bei den Jesuiten, die jeden Tag im neuen Testament lesen – aber dabei stets die Perspektive von Christus einnehmen. Auch im Buddhismus ist die Imagination, bei der der Mönch die Gestalt von Buddha annimmt, weit verbreitet. Ähnliche Methoden finden sich in den meisten Religionen wieder – insbesondere in den Religionen, die von einem einzigen Gott (Judentum, Christentum, Islam u.a.) oder von einem einzigen zentralen Prinzip (Buddhismus) ausgehen. Diese Methode ist jedoch auch von anderen Religionen übernommen worden.

VI 4. Analyse

- <u>Individuelle Phase</u>: Dies ist die von Freud beschriebene „genitale Phase", die auch „Pubertät" genannt wird. Sie beginnt ungefähr im Alter von 12-14 Jahren. In ihr wird der Mensch geschlechtsreif, sucht sich einen oder mehrere Partner und sucht nach seiner eigenen Stellung in der Welt.
- <u>Allgemeine Epoche</u>: Diese Phase entspricht dem Materialismus, in dem alles sachlich erforscht, technisch angewandt und industriell genutzt wird. Dies ist die Epoche der Analyse und der Wissenschaften sowie des Glaubens an den ungehemmten materiellen Fortschritt. Der Blick richtet sich in dieser Epoche nach außen – auch der Mensch selber wird sachlich durch die Psychologie analysiert.
- <u>Kernaussage</u>: „Du?"
- <u>Dynamik in der Meditation</u>: In der Meditation und der Magie entspricht diese Phase dem Streben nach Erfahrungen, Sachkenntnis und Effektivität.

VI 5. Grenzauflösung

- <u>Individuelle Phase</u>:   Diese Phase kann man „adulte Phase" nennen. Sie beginnt, wenn ein Mensch mit einem anderen eine Familie gründet.
- <u>Allgemeine Epoche</u>:   Diese Phase entspricht der heute beginnenden Epoche der Globalisierung, in der die Menschen insgesamt eine Familie bilden müssen, damit sie nicht versehentlich die Lebensgrundlage aller Menschen auf dieser Erde zerstören.
- <u>Kernaussage</u>:   „Wir." (aus Ich!!!" und „Du?" entsteht die Familie)
- <u>Dynamik in der Meditation</u>:   In der Meditation sind die beiden wesentlichen Begriffe dieser Epoche das Vertrauen und die Verantwortung: Wenn man sich selber als Teil des Ganzen erlebt, wird man im Vertrauen auf das Ganze getragen und man wird selber das Ganze in Verantwortung tragen. Das wesentliche Erlebnis auf dieser Ebene ist das Kontinuum, die Auflösung aller Grenzen, die Buddha als die vier grenzenlosen Qualitäten eines Erleuchteten beschrieben hat: Gleichmut, Mitgefühl, Liebe und Freude.

Die eigene Identität beruht auf dieser Ebene nicht mehr auf der Abgrenzung zu allem anderen, sondern auf der Gewißheit der eigenen Qualität – man wird zu einem Muster in dem Wandteppich der Welt, der aus endlosen Fäden gewoben worden ist. Um zu diesem Zustand zu gelangen, muß man irgendwann einmal in einen bodenlosen Abgrund springen – das Annehmen der Abgrenzungslosigkeit.

VI 6. Gottheit

- <u>Individuelle Phase</u>:   Diese Phase kann man „tutorale Phase" nennen. Sie beginnt, wenn die Kinder aus dem Haus sind und man sich vermehrt seinen Hobbys, seinen Begegnungen, dem Weitergeben des eigenen Wissens u.ä. widmen kann.
- <u>Allgemeine Epoche</u>:   Diese Phase liegt noch in der Zukunft. Sie folgt auf den stabilen Zustand, den wir hoffentlich in der derzeitigen Phase der Globalisierung, die um ca. 1950 begonnen hat, erreichen werden. Dieser Zustand wird in der 6. Epoche variiert, d.h. es entsteht eine Vielfalt von möglichen stabilen Zuständen und daher auch eine Vielfalt von möglichen Lebensweisen.
- <u>Kernaussage</u>:   „Anderes …"
- <u>Dynamik in der Meditation</u>:   Das zentrale Element dieser Ebene der Meditation und der Magie ist das Kennenlernen der eigenen Gottheit und das Leben aus ihr heraus. Man wird sozusagen zu einer Zelle in dem Körper dieser Gottheit. Dieses Erlebnis gehört allerdings schon zu der recht fortgeschrittenen Meditation und Magie.

VI 7.   Einheit

- <u>Individuelle Phase</u>:   Diese Phase kann man „geronte Phase" nennen. Sie beginnt, wenn sich der alte Mensch nach und nach aus dem Trubel des Lebens zurückzieht und weise wird.

- <u>Allgemeine Epoche</u>:   Diese Phase liegt in ferner Zukunft. Sie wird bislang nur in Sciencefiction-Romanen als „Planet der Weisen" u.ä. beschrieben.

- <u>Kernaussage</u>:   „Alles"   (aus „Wir." und „Anderes …" entsteht das alles umfassende Eine)

- <u>Dynamik in der Meditation</u>: Dies ist die Einheit mit Gott, die von vielen Religionen angestrebt wird.

VII   Erlebnisse in der Meditation

Es gibt viele verschiedene Dinge, die man in der Meditation erleben kann. Sie sind teilweise bereits in den vorigen Kapiteln beschrieben worden.

VII 1. Präsenz

Das erste Erlebnis ist häufig das „ganz im Hier und Jetzt sein", also das ganz präsent und konzentriert und aufmerksam sein. Diese Haltung verstärkt das Erleben dessen, was gerade ist, in einem Maße, das man vorher möglicherweise nicht einmal geahnt hat.

VII 2. Die Kundalini

Die Kundalini ist der Fluß der Lebenskraft im eigenen Lebenskraftkörper. Sie wird als im Körper aufsteigende Hitze erlebt. Sie löst alle Blockaden auf, d.h. sie macht alle Ängste, Süchte und falschen Vorstellungen bewußt, die daher zugänglich werden und geheilt werden können. Durch das Erwachen der Kundalini entstehen auch deutlich größere magische Fähigkeiten.

VII 3. Die Milch der Himmelskuh

Dies ist ein Begriff aus den indischen Upanishaden, der das weiße Licht bezeichnet, das von oben herab durch das Scheitelchakra in den Menschen fließen kann – so wie das Kundalinifeuer aus der glühenden Erdmitte in das Wurzelchakra aufsteigen kann.

Das Weiße Licht und das Rote Feuer werden in vielen Meditationen miteinander kombiniert – wodurch verschiedenen Stufen der Freude entstehen, deren Ursache die Integration und Heilung der Chakren und somit auch der Psyche und des Körpers ist.

VII 4. Freude

Freude entsteht, wenn zwei Dinge gemeinsam miteinander schwingen: Wenn man einen Freund trifft, wenn man mit einer Geliebten zusammen ist, wenn ein innerer Widerspruch gelöst wird, wenn man seiner Seele begegnet, wenn man seine Schutzgottheit kennenlernt, wenn man Gott erlebt … Somit ist die Meditation auch eine reiche Quelle für viele Arten der Freude.

VII 5. Die Astralreise

Bei der Astralreise erlebt man, wie man mit seinem Lebenskraftkörper (Astralkörper) den eigenen physischen Leib verläßt. Dieses Erlebnis zeigt sehr deutlich, daß man mehr als nur der eigene Körper ist.

VII 6. Die drei Verbündeten

Das Krafttier, die Kraftpflanze und der Kraftstein entsprechen der Dynamik, der Haltung und der Struktur der eigenen Seele und ihrer Absicht für ihre derzeitige Inkarnation. Daher sind diese drei Verbündeten eine große Hilfe bei der Selbsterkenntnis und beim Selbstausdruck.

VII 7. Das Beziehungs-Mandala

Dieses Mandala hat vier Bereiche:

- Der Kreis in der Mitte ist die Seele.

- Die beiden halben Kreisringe rings um den Kreis der Seele herum sind das männliche und das weibliche Spiegelbild der Seele – der heile innere Mann und die heile innere Frau.

- Die vier Viertel-Kreisringe rings um den inneren Kreisring herum sind die durch heftige Erlebnisse polarisierten inneren Bilder: die beiden verzerrten

Männerbilder und die beiden verzerrten Frauenbilder. Die mögliche Polarität dieser beiden Bilder-Paare ist „Süchtiger und Asket", „Täter und Opfer" sowie „Star und Fan".

- Eins dieser vier Bilder lebt der Betreffenden selber; für die drei anderen Bilder sucht er sich unbewußt andere Menschen, die dann zusammen mit ihm sein Lebensdrama aufführen.

Die Bilder dieses Mandalas sind wesentliche Elemente der eigenen psychischen Struktur und daher auch wesentliche Elemente der Selbstheilung – weshalb man ihnen mit großer Wahrscheinlichkeit auch in der Meditation begegnen wird.
Der heile innere Mann und die heile innere Frau spielen vor allem in tantrischen Meditation eine zentrale Rolle.

VII 8. Der Schatten

Der Schatten ist der Teil der eigenen Psyche, den man verdrängt hat und lieber nicht sieht. Er tritt nur dann auf, wenn die heilen Bilder des inneren Mannes und der inneren Frau polarisiert worden sind. Wenn der Betreffende ein Süchtiger/Täter/Star ist, ist sein Schatten ein Asket/Opfer/Fan – und umgekehrt. Bei jeder Polarisierung trägt man auch seinen Gegenpol in sich – und fürchtet ihn und ersehnt ihn zugleich …
Folglich ist die Begegnung mit dem eigenen Schatten und seine Integration ein wesentlicher Aspekt der Meditation – aber nicht der einfachste Aspekt …

VII 9. Die Seele

Die Begegnung mit der eigenen Seele ist vermutlich das wichtigste einzelne Erlebnis in der Meditation, da man dadurch erkennt, wer man ist.

VII 10. Die beiden Geschwister der Seele

Die Seele wird von zwei Wesen begleitet, die dann, wenn die Seele mit einem klaren Geschlecht erscheint, das andere Geschlecht haben – z.B. „Seele mit männlicher

Gestalt + zwei Begleiterinnen". Diese beiden Wesen wirken wie Zwillinge und wie Geschwister der Seele. Sie erscheinen manchmal in Träumen, Meditationen und Visionen, um in Notsituationen, bei inneren Verwandlungen, in Krisenzeiten u.ä. zu helfen. Meist sieht diese Hilfe recht drastisch aus und ist nicht unbedingt sofort verständlich – aber stets sehr wohltuend.

Diese beiden Seelenbegleiter scheinen allgemein recht unbekannt zu sein.

VII 11. Das Inkarnations-Archiv

Wenn man die eigene Seele kennengelernt hat und sich dem abgrenzungslosen Zustand annähert, gelangt man in einen Bereich, in dem die Welt „durchsichtig" wird, d.h. in dem man alles erfahren kann, was man will – einschließlich der eigenen früheren Leben und der Absicht der eigenen Seele für ihre derzeitige Inkarnation.

Man kann sich dort auch die eigene Zukunft oder die Zukunft allgemein ansehen – dies ist der Ort, an den die Seher und Seherinnen innerlich reisen, um das Zukünftige vorhersagen zu können.

Dieses Archiv der Reinkarnations-Erinnerungen ist offensichtlich ein Teil des kollektiven Unterbewußtseins, das ja auch in der Homöopathie als ein Gedächtnis aller Tierarten, Pflanzenarten und Mineralienarten erscheint.

VII 12. Der Abgrund

Der bodenlose Abgrund, in den man springen soll, ist die Grenze zwischen dem Bereich, in dem die Dinge voneinander abgegrenzt sind, und dem Bereich, in dem die Dinge nicht mehr voneinander abgegrenzt sind. Dies ist auch der Übergang von den Seelen zu den Gottheiten.

VII 13. Die Schutzgottheit

Die Schutzgottheit ist die Gottheit, von deren „Meer" die eigene Seele ein „Tropfen" ist. Die Begegnung mit der eigenen Schutzgottheit vertieft das Verstehen, wer man ist, noch einmal sehr deutlich.

VII 14. Magie

Die innere Wahrnehmungsfähigkeit und die innere Handlungsfähigkeit, also das Sehen und Tun vom Bereich des Bewußtseins aus, wird im allgemeinen „Magie" genannt. In Indien nennt man dies auch „Siddhis". Diese magischen Fähigkeiten vergrößern sich, wenn man sich selber zunehmend integriert – erst den Alltag, dann die Psyche, dann die Seele, dann die Schutzgottheit und schließlich Gott. Man beginnt einen immer größeren Bereich wahrzunehmen und von ihm aus zu handeln. Dadurch wird auch das Handeln effektiver – beim Erreichen des Gottheiten-Bereichs können aus der gewöhnlichen Magie „Wunder" werden, also „außergewöhnliche Magie".

Meditation und Magie gehören zusammen und sind letztlich keine zwei verschiedenen Dinge, sondern nur zwei verschiedene Ansatzpunkte – Meditation strebt vor allem die Wahrnehmung und einen inneren Zustand an, Magie strebt vor allem das Handeln und manchmal ebenfalls einen inneren Zustand an. Spätestens beim Erreichen des Gottheiten-Bereichs macht es kaum noch Sinn, Magie und Meditation zu unterscheiden.

VII 15. Das Eine-Alles-Einzige

Das Erlebnis der Einheit läßt sich kaum beschreiben – es ist eben eine Einheit, die man zu nichts anderem hin abgrenzen könnte außer zu der Vielheit … Man kann sie als gleißend-weißes Licht erleben, aber das macht nicht das Wesentliche dieser Einheit aus – man muß es selber erleben …

VIII   Der eigene Stil

Der eigene Stil ist auch bei der Meditation wichtig – wie beim Essen, beim Tanzen, bei der Wahl der Freunde, der Beziehung, des Berufes …

Dieser Stil hängt von dem eigenen Horoskop, von den bisherigen Erfahrungen, von der Kultur und der Religion ab, in der man aufgewachsen ist, von dem, was die eigene Seele in diesem Leben vorhat, von den drei Verbündeten und noch einigem mehr.

Man findet den eigenen Stil, wenn man sich selber treu bleibt.

Man kann ihn teilweise mithilfe des Horoskops beschreiben:

Pluto im 1. Haus gibt die Neigung, im Hier und Jetzt zu sein und alle Dinge zu verwandeln; Pluto im 2. Haus führt dazu, daß man den Körper, die Ernährung und den Ort wichtig findet und daher z.B. zu Hatha-Yoga neigt; wenn der Pluto im 10. Haus steht, sucht man nach Lehrern und Gottheiten; steht der Pluto im 4. Haus, hat die Geborgenheit in einer Gruppe und das Urvertrauen eine große Bedeutung – und folglich die Große Mutter …

Der Planet am Aszendenten zeigt, zu welchem Bereich man sich hingezogen fühlt: Mond – Traumreisen; Merkur – Mantren; Venus – Tantra; Sonne – Selbstfindung; Mars – Kampfmagie usw.

IX   Die Früchte der Meditation

Durch die Meditation kann man viele Dinge finden:

- veränderte Bewußtseinszustände,
- innere Widersprüche auflösen und einsgerichteter werden
- das Urvertrauen wiederfinden
- außergewöhnliche Erlebnisse wie das Erwachen der Kundalini
- sich selber kennenlernen
- verschiedene Begegnungen – mit dem Krafttier, der Seele usw.
- glücklicher werden
- effektivere Magie
- Gottheiten begegnen
   usw.

X Erste Schritte

Jeder Mensch ist anders … wie soll man da eine allgemeine Anleitung geben können?

Eine allgemeine Regel ist immerhin, daß man sich selber fragen sollte, was man will, bevor zu meditieren beginnt. Egal, was das auch sein – das ist auch das, zu dessen erreichen man auch die Meditation benutzen sollte … egal, ob das eine Erkenntnis, eine Heilung, die endgültige Erleuchtung oder einfach Neugier ist.

Als nächstes kann man das, was man erreichen will, in das eigene Leben einladen. Dazu kann man sich an eine Gottheit oder auch einfach an das Leben selber wenden und die Bitte laut aussprechen – am besten mit einem Zeugen (das erdet den Wunsch).

Generell kann man vier verschiedene Meditationen empfehlen – einfach um einen ersten Eindruck von der Vielfalt der Meditationen und ihrer Wirkungen zu bekommen. Diese sind:

X 1. Die Traumreise zur eigenen Mitte

Für die Traumreise zur eigenen Mitte kann man eine imaginierte Tür benutzen, auf der das nebenstehende Symbol gemalt ist. Dort reist man dann zu der Mitte der Landschaft, in die man durch diese Tür gelangt – man sucht den Weg zu dem Wichtigsten in dieser Landschaft.

Man kann das Traumreisen durchaus auch alleine lernen, aber es ist am einfachsten, wenn man es erst einmal mit jemand zusammen macht, der es schon kann.

ein Symbol der Mitte

X 2. Eine Mantra-Meditation

Hierfür braucht man niemandem, mit dem man zusammen meditiert, um erst einmal „auf den Geschmack zu kommen".

Man schaut, was die Qualität, die Fähigkeit oder der Zustand ist, der einem am wichtigsten ist: Gesundheit, Liebe, Kraft, Gedeihen, Weisheit – was auch immer.

Dann schaut man, welche Gottheit in den Mythologien diese Qualität besitzt.
Als drittes schaut man, zu welchem Chakra die angestrebte Qualität gehört.

Diese drei Dinge können z.B. die folgenden Kombinationen sein:

Selbstliebe – Herzchakra – eigene Seele (oder Christus, Krishna, Osiris u.a.)
Geborgenheit – Hara – Isis (oder Pte-san-win, Freya, Lakshmi u.a.)
Stärke – Sonnengeflecht – Mars (oder Ares, Indra, Thor, Maruts u.a.)
Weisheit – Drittes Auge – Thot (oder Merkur, Hermes, Iktomi u.a.)

Dann meditiert man wie folgt:

- einatmen: - Imagination: Licht/Lebenskraft aus der Luft in sich
                hineinsaugen und zu dem ausgewählten Chakra leiten
              - innerlich den Namen der Gottheit (oder der eigenen Seele)
                sprechen

- ausatmen   - Imagination: das Licht/Lebenskraft in dem ausgewählten
                Chakra aufleuchten lassen
              - innerlich den Namen der erwünschten Qualität sprechen

X 3. Eine Invokation

   Man wählt die Gottheit aus, die man am interessantes findet oder die dem ent-
spricht, was man sich wünscht, oder die man am meisten fürchtet.
   Dann liest man evtl. ihre Mythen – das ist aber nicht unbedingt notwendig.
   Am besten unternimmt man vor der eigentlichen Invokation eine Traumreise zu der
Gottheit, um sie kennenzulernen.
   Dann fragt man entweder auf der Traumreise die Gottheit, ob man mit dem eigenen
Bewußtsein in sie hineingehen darf, oder man führt eine rituelle Invokation durch.
Bei einer Invokation stellt man sich die Gottheit möglichst lebendig vor sich vor und
vereint dann die eigene Gestalt mit der Gestalt der Gottheit.

   Um einen ersten Eindruck davon zu bekommen, was eine Invokation ist, kann man
das Folgende ausprobieren: Schließe die Augen, gehe innerlich 2000 Jahre zurück an
den See Genezareth. Die „Speisung der 5000" ist gerade zuende gegangen und Jesus
ist zum Beten (Meditieren) auf einen Berg gestiegen. Dann steigt er vom Berg herab,
geht zum See Genezareth und läuft über das Wasser. Gehe neben ihm über das

Wasser. Spüre in Jesus hinein – in welchem Bewußtseinszustand ist er? Frag ihn, ob Du mit Deinem Bewußtsein in ihn hinüberwechseln darfst. Wenn ja, dann tue es – und spüre, in welchem Bewußtseinszustand ist er … in welchem Bewußtseinzustand Du jetzt bist?

X 4.   Die Stille-Meditation

   Die innere Stille lernt man wie die Traumreise am einfachsten, wenn man einmal mit jemandem gemeinsam meditiert, der schon in diese Stille gehen kann. Vermutlich findet man am schnellsten im Zen-Buddhismus jemanden, der diese Fähigkeit hat.
   Doch man kann diese Stille auch alleine finden.

Alles Gute!

Bücher von Harry Eilenstein

„für Anfänger"

- Telepathie für Anfänger (60 S.)
- Telepathie für Fortgeschrittene (52 S.)
- Telekinese für Anfänger (52 S.)
- Lebenskraft für Anfänger (60 S.)
- Meditation für Anfänger (56 S.)
- Hypnose für Anfänger (56 S.)
- Auto-Movement für Anfänger (56 S.)
- Elfen für Anfänger (56 S.)
- Mandalas für Anfänger (68 S.)

Astrologie

- Astrologie (496 S.)
- Photo-Astrologie (428 S.)
- Die astrologischen Aspekte (88 S.)
- Horoskop und Seele (120 S.)

Magie

- Handbuch für Zauberlehrlinge (408 S.)
- Tarot (104 S.)
- Physik und Magie (184 S.)
- Die Magie-Formel (156 S.)
- Krafttiere – Tiergöttinnen – Tiertänze (112 S.)
- Schwitzhütten (524 S.)

Meditation

- Der Lebenskraftkörper (230 S.)
- Die Chakren (100 S.)
- Das Chakren-System mit den Nebenchakren (296 S.)
- Meditation (140 S.)
- Drachenfeuer (124 S.)
- Reinkarnation (156 S.)
- einsgerichtet (140 S.)

Kabbala

- Kursus der praktischen Kabbala (150 S.)
- Eltern der Erde (450 S.)
- Blüten des Lebensbaumes:
  - Die Struktur des kabbalistischen Lebensbaumes (370 S.)
  - Der kabbalistische Lebensbaum als Forschungshilfsmittel (580 S.)
  - Der kabbalistische Lebensbaum als spirituelle Landkarte (520 S.)

Religion allgemein

- Die sieben Schritte des Lebens (428 S.)
- Muttergöttin und Schamanen (168 S.)
- Göbekli Tepe (472 S.)
- Totempfähle (440 S.)
- Christus (60 S.)
- Dakini (80 S.)
- Vajra (76 S.)

Ägypten

- Hathor und Re 1: Götter und Mythen im Alten Ägypten (432 S.)
- Hathor und Re 2: Die altägyptische Religion – Ursprünge, Kult und Magie (396 S.)
- Isis (508 S.)

Indogermanen

- Die Entwicklung der indogermanischen Religionen (700 S.)
- Wurzeln und Zweige der indogermanischen Religion (224 S.)

Germanen

- Die Götter der Germanen (87 Bände)
- Odin (300 S.)

Kelten

- Cernunnos (690 S.)
- Der Kessel von Gundestrup (220 S.)
- Der Chiemsee-Kessel (76)

Psychologie

- Über die Freude (100 S.)
- Das Geheimnis des inneren Friedens (252 S.)
- Das Beziehungsmandala (52 S.)
- Gefühle und ihre Verwandlungen (404 S.)
- einsgerichtet (140 S.)
- Liebe und Eigenständigkeit (216 S.)
- Von innerer Fülle zu äußerem Gedeihen (52 S.)
- Die Symbolik der Krankheiten (76 S.)

Kunst

- Herz des Tanzes – Tanz des Herzens (160 S.)

Drama

- König Athelstan (104 S.)

Die Themen der 87 Bände der Reihe „Die Götter der Germanen"

1.	Die Entwicklung der germanischen Religion	44.	Die Symbolik der Wassertiere und sonstigen Tiere
2.	Lexikon der germanischen Religion	45.	Die Symbolik der Pflanzen
3.	Der ursprüngliche Göttervater Tyr	46.	Die Symbolik der Farben
4.	Tyr in der Unterwelt: der Schmied Wieland	47.	Die Symbolik der Zahlen
5.	Tyr in der Unterwelt: der Riesenkönig Teil 1	48.	Die Symbolik von Sonne, Mond und Sternen
6.	Tyr in der Unterwelt: der Riesenkönig Teil 2	49.a	Das Jenseits I – Das Hügelgrab
7.	Tyr in der Unterwelt: der Zwergenkönig	49.b	Das Jenseits II – Der Jenseitsweg
8.	Der Himmelswächter Heimdall	50.	Seelenvogel, Utiseta und Einweihung
9.	Der Sommergott Baldur	51.	Wiederzeugung und Wiedergeburt
10.	Der Meeresgott: Ägir, Hler und Njörd	52.	Elemente der Kosmologie
11.	Der Eibengott Ullr	53.	Der Weltenbaum
12.	Die Zwillingsgötter Alcis	54.	Die Symbolik der Himmelsrichtungen und der Jahreszeiten
13.	Der neue Göttervater Odin Teil 1	55.a	Mythologische Motive I
14.	Der neue Göttervater Odin Teil 2	55.b	Mythologische Motive II
15.	Der Fruchtbarkeitsgott Freyr	56.	Der Tempel
16.	Der Chaos-Gott Loki	57.	Die Einrichtung des Tempels
17.	Der Donnergott Thor	58.	Priesterin – Seherin – Zauberin – Hexe
18.	Der Priestergott Hönir	59.	Priester – Seher – Zauberer
19.	Die Göttersöhne	60.	Rituelle Kleidung und Schmuck
20.	Die unbekannteren Götter	61.	Skalden und Skaldinnen
21.	Die Göttermutter Frigg	62	Kriegerinnen und Ekstase-Krieger
22.	Die Liebesgöttin: Freya und Menglöd	63.	Die Symbolik der Körperteile
23.	Die Erdgöttinnen	64.a	Magie und Ritual I
24.	Die Korngöttin Sif	64.b	Magie und Ritual II
25.	Die Apfel-Göttin Idun	64.c	Magie und Ritual III
26.	Die Hügelgrab-Jenseitsgöttin Hel	65.	Gestaltwandlungen
27.	Die Meeres-Jenseitsgöttin Ran	66.a	Magische Angriffs-Waffen
28.	Die unbekannteren Jenseitsgöttinnen	66.b	Magische Verteidigungs-Waffen
29.	Die unbekannteren Göttinnen	67.	Magische Werkzeuge und Gegenstände
30.	Die Nornen	68.	Zaubersprüche
31.	Die Walküren	69.	Göttermet
32.	Die Zwerge	70.	Zaubertränke
33.	Der Urriese Ymir	71.	Träume, Omen und Orakel
34.	Die Riesen	72.	Runen
35.	Die Riesinnen	73.	Sozial-religiöse Rituale
36.	Mythologische Wesen	74.	Weisheiten und Sprichworte
37.	Mythologische Priester und Priesterinnen	75.	Kenningar
38.	Sigurd/Siegfried	76.	Rätsel
39.	Helden und Göttersöhne	77.	Die vollständige Edda des Snorri Sturluson
40.	Die Symbolik der Vögel und Insekten	78.	Frühe Skaldenlieder
41.	Die Symbolik der Schlangen, Drachen und Ungeheuer	79.a	Mythologische Sagas I
42.a	Die Symbolik der Herdentiere I	79.b	Mythologische Sagas II
42.b	Die Symbolik der Herdentiere II	80.	Hymnen an die germanischen Götter
43.	Die Symbolik der Raubtiere		